David Leimdörfer

Das Psalter-Ego in den Ich-Psalmen

Beitrag zur wissenschaftlichen Psalmenforschung

David Leimdörfer

Das Psalter-Ego in den Ich-Psalmen
Beitrag zur wissenschaftlichen Psalmenforschung

ISBN/EAN: 9783743497795

Hergestellt in Europa, USA, Kanada, Australien, Japan

Cover: Foto ©ninafisch / pixelio.de

Weitere Bücher finden Sie auf **www.hansebooks.com**

DAS

PSALTER-EGO

IN DEN

ICH-PSALMEN

———

Beitrag zur wissenschaftlichen Psalmenforschung.

Von

Dr. D. Leimdörfer.

Mit einem Vorwort von Dr. C. H. Cornill,
Professor der Theologie an der Universität zu Königsberg.

Hamburg 1898.
———
Verlag von G. Frizsche.

Vorwort.

Der Bitte des verehrten Herrn Verfassers der vorliegenden Studie, ein Vorwort zu derselben zu schreiben, habe ich mich trotz mancher Bedenken nicht entziehen zu sollen geglaubt. Die in ihr behandelte Frage gehört zu denen, welche eben gerade auf der Tagesordnung der alttestamentlichen Wissenschaft stehen, nachdem 1888 R. Smend durch seine gehaltvolle Abhandlung: „Über das Ich der Psalmen" dieselbe in Fluss gebracht hat. Meine eigene Stellung zu der Frage habe ich in der dritten Auflage meiner Einleitung in das alte Testament (1896, S. 227 f.) kurz dargelegt und angedeutet, wie misslich es ist, hier bestimmte Urteile abzugeben: denn die Grenzen zwischen Individuallied und Gemeindelied sind sehr fliessend. Das Volkslied und das moderne Kirchenlied kann uns den Process, der sich hier abgespielt hat, sehr lehrreich zur Anschauung bringen. Ein Einzelner singt ein Lied zunächst als Ausdruck seiner individuellen Stimmung. Tausende erkennen in dieser Stimmung ihre eigene wieder und singen das Lied demjenigen nach, dem es gegeben war, in Worte zu kleiden, was Viele oder Alle empfinden. So wird das Individuallied zum Volksliede. Auch bei recht vielen Kirchenliedern ist es ähnlich gegangen. Ich wenigstens kann kaum glauben, dass sie alle von ihren Dichtern lediglich als Äusserungen der abstrakten „Gemeinde" und nicht als persönliche Herzensergüsse gemeint waren. Ja, man könnte soweit gehen, eine derartige Scheidung überhaupt unstatthaft zu erklären, da der Dichter nur singen kann, was er selbst empfindet und auch, wo er für die Gemeinde das Wort ergreift, doch dieses thut als Einzelwesen, als Individuum. Sein Lied muss vor allem subjektiv wahr sein, um objektiv wahr erfunden und dann entsprechend verwendet zu werden.

Aber cum grano salis verstanden ist die Unterscheidung gewiss richtig und notwendig und für ein wahres Verständnis der Psalmen unentbehrlich. Dass auf einem so unsicheren und schwankenden Boden der Subjektivität ein grosser Spielraum gelassen ist, versteht sich von selbst und allgemein anerkannte Resultate dürften sich nur in den allereklatantesten Fällen ergeben, wie beispielsweise kein urteilsfähiger Mensch die von Haus aus liturgische Bestimmung eines Liedes, wie Psalm 137, leugnen wird.

Um so mehr verdient es Anerkennung, wenn ein Gelehrter, wie der Herr Verfasser der vorliegenden Studie, sich bestrebt, die Frage möglichst objektiv zu entscheiden, die einzelnen Lieder aus sich selbst heraus zu erklären und nach inneren Gründen zu bestimmen, ob ein individuelles oder liturgisches Lied vorliegt, oder ob nach der Lage der Verhältnisse es vorsichtiger ist, eine bestimmte Entscheidung abzulehnen. Diese Untersuchungen sind mit Umsicht und Besonnenheit geführt und zeigen durchwegs das ernste Bestreben, in den Sinn der Psalmen einzudringen. Der Kundige wird auch für die Exegese der Psalmen manches dem Herrn Verfasser Eigene herausfinden.

Und so möge denn seine fleissige und liebevolle Arbeit zur Klärung des Problems beitragen, sei es positiv, sei es durch Hervorrufen von Widerspruch — auch das Hervorrufen von Widerspruch ist bei einer so brennenden Frage eine Förderung der Wissenschaft und ihres letzten hohen Zweckes, der Erforschung der Wahrheit!

Königsberg, i. Pr. den 30. Juli 1897.

C. H. Cornill.

Einleitung.

Das in fünf Bücher eingeteilte, aus 150 Psalmen bestehende, im Gottesdienste der Juden und Christen eine so hervorragende Rolle spielende ספר תהלים, Buch der Lobgesänge, ist eine Sammlung von Gedichten bekannter und unbekannter Autoren aus den verschiedenen Zeiten der altisraelitischen Geschichte von David bis in die nachexilische, nach manchen Exegeten gar makkabäische Epoche. Diese Gedichte, enthaltend Hymnen zum Lobe Gottes, Dank- und Bittgebete, Klagelieder, Tröstungen, Lehrgedichte, geschichtliche Erinnerungen an jüdisch nationale und religiöse Beziehungen zu Zion, dem Tempel, seinem Opferkult mit den ihn begleitenden, von Sangmeistern unter Instrumentalmusik geleiteten und gesungenen Chören, sowie zur Davidischen Dynastie mit mancherlei daran geknüpften messianischen Hoffnungen, tragen allesammt den Stempel gottesdienstlicher Weihe.

Sie wurden vermuthlich von den bei der heiligen Musik beschäftigten Leviten gesammelt, mit alten durch die Ueberlieferung im Volke erhaltenen Liedern verbunden, später teils mit Bearbeitungen alter, teils mit Hinzufügungen neuer Gesänge ergänzt, bis sie allesammt in der uns vorliegenden, in den Kanon aufgenommenen Gestalt zum Zwecke der privaten und öffentlichen Andacht für die israelitische Gemeinde als ein Gebet- und Gesangbuch bestimmt worden sind.

überhaupt unstatthaft zu erklären, da der Dichter nur singen kann, was er selbst empfindet und auch, wo er für die Gemeinde das Wort ergreift, doch dieses thut als Einzelwesen, als Individuum. Sein Lied muss vor allem subjektiv wahr sein, um objektiv wahr erfunden und dann entsprechend verwendet zu werden.

Aber cum grano salis verstanden ist die Unterscheidung gewiss richtig und notwendig und für ein wahres Verständnis der Psalmen unentbehrlich. Dass auf einem so unsicheren und schwankenden Boden der Subjektivität ein grosser Spielraum gelassen ist, versteht sich von selbst und allgemein anerkannte Resultate dürften sich nur in den allereklatantesten Fällen ergeben, wie beispielsweise kein urteilsfähiger Mensch die von Haus aus liturgische Bestimmung eines Liedes, wie Psalm 137, leugnen wird.

Um so mehr verdient es Anerkennung, wenn ein Gelehrter, wie der Herr Verfasser der vorliegenden Studie, sich bestrebt, die Frage möglichst objektiv zu entscheiden, die einzelnen Lieder aus sich selbst heraus zu erklären und nach inneren Gründen zu bestimmen, ob ein individuelles oder liturgisches Lied vorliegt, oder ob nach der Lage der Verhältnisse es vorsichtiger ist, eine bestimmte Entscheidung abzulehnen. Diese Untersuchungen sind mit Umsicht und Besonnenheit geführt und zeigen durchwegs das ernste Bestreben, in den Sinn der Psalmen einzudringen. Der Kundige wird auch für die Exegese der Psalmen manches dem Herrn Verfasser Eigene herausfinden.

Und so möge denn seine fleissige und liebevolle Arbeit zur Klärung des Problems beitragen, sei es positiv, sei es durch Hervorrufen von Widerspruch — auch das Hervorrufen von Widerspruch ist bei einer so brennenden Frage eine Förderung der Wissenschaft und ihres letzten hohen Zweckes, der Erforschung der Wahrheit!

Königsberg, i. Pr. den 30. Juli 1897.

C. H. Cornill.

Einleitung.

Das in fünf Bücher eingeteilte, aus 150 Psalmen bestehende, im Gottesdienste der Juden und Christen eine so hervorragende Rolle spielende ספר תהלים, Buch der Lobgesänge, ist eine Sammlung von Gedichten bekannter und unbekannter Autoren aus den verschiedenen Zeiten der altisraelitischen Geschichte von David bis in die nachexilische, nach manchen Exegeten gar makkabäische Epoche.

Diese Gedichte, enthaltend Hymnen zum Lobe Gottes, Dank- und Bittgebete, Klagelieder, Tröstungen, Lehrgedichte, geschichtliche Erinnerungen an jüdisch nationale und religiöse Beziehungen zu Zion, dem Tempel, seinem Opferkult mit den ihn begleitenden, von Sangmeistern unter Instrumentalmusik geleiteten und gesungenen Chören, sowie zur Davidischen Dynastie mit mancherlei daran geknüpften messianischen Hoffnungen, tragen allesammt den Stempel gottesdienstlicher Weihe.

Sie wurden vermuthlich von den bei der heiligen Musik beschäftigten Leviten gesammelt, mit alten durch die Ueberlieferung im Volke erhaltenen Liedern verbunden, später teils mit Bearbeitungen alter, teils mit Hinzufügungen neuer Gesänge ergänzt, bis sie allesammt in der uns vorliegenden, in den Kanon aufgenommenen Gestalt zum Zwecke der privaten und öffentlichen Andacht für die israelitische Gemeinde als ein Gebet- und Gesangbuch bestimmt worden sind.

Die in den Überschriften genannten Sänger, — wie
Moses (1 mal), David (73 mal), Salomo (2 mal), die Zeit-
genossen Davids, nämlich die Korachiden, Assaph, Heman,
Ethan, Jeduthun — ferner die Überschriften mit gewissen
historischen Daten stehen, wie die Forschungen der verschiedenen Exegeten ergeben, meist in gar keinem Zusammenhang mit dem Inhalte der Psalmen. Es ist daher ungewiss,
ob das ל vor dem Eigennamen לשלמה, לדוד, u. s. w, von,
für oder an bedeutet; oder, was einleuchtender wäre, ob
andere Bearbeiter und Ergänzer sie als traditionell von
den genannten herrührend, nennen mochten und
zu nennen gewisse Gründe hatten, oder ob die Sammler
dieselben vorfanden und sie ohne weiteres niederschrieben,
oder ob sie nach den im Volke lebenden geschichtlichen Erinnerungen dem Liede vorgesetzt, gleich wie, nach den Ergebnissen
der historischen Kritik auch gewisse Nachschriften, Epiphoneme,
Doxologien zu Ende der einzelnen Bücher, wie z. B. die
Schlussworte Ps. 72.[20] „zu Ende sind die Gebete Davids, des
Sohnes Jischaj" selber anzufügen für richtig fanden.

Für die Beurteilung der Psalmen und ihrer Genesis
kommt demnach nur ihr Inhalt, ihre Sprache und ihre
Form in Betracht; nicht aber ihre Überschriften — meist
auch ihre Nachschriften nicht. Denn diese gelten als spätere
Dichter- Bearbeiter- Ordner- oder Sammler-Zusätze zu den
mit ihnen in loser Verbindung stehenden ursprünglichen Gedichten. So z. B. ist in Ps. 29 die Aufforderung an alle בני אלים
„Söhne der Mächtigen" zur Verherrlichung Gottes, wo von
„seinem Tempel" ובהיכלו die Rede ist mit der Überschrift
מזמור לדוד, da doch zu Davids Zeit kein Tempel bestand, in
keinem Zusammenhang, und der grossartig angelegte Psalm,
der die Stimme Gottes und ihre Wirksamkeit im Weltall
beschreibt, mit dem Schlusssatze: „Gott wird seinem
Volke Macht verleihen und es mit Frieden segnen", in
sehr loser Verbindung. Überschrift und Schluss gehören
ohne Zweifel einer anderen Zeit als der Psalm selbst an,
und sind erst als gottesdienstliche Gesänge der Gemeinde
Israels, die schon „seinen Tempel" schaute und als eine
„Nation im Lande Israels" עמו galt, gesungen worden. Deut-

licher wird solches im Ps. 51 mit der Ueberschrift: מזמור לדוד,
wo der prophetische Gedanke, dass „Gott an Opfern kein
Wohlgefallen habe", V. 18, sowie V. 20 היטיבה ברצונך את ציון
תבנה חומות ירושלים, unmöglich von David oder in seiner Re-
gierungszeit abgefasst sein kann. Am klarsten geht dies aus
Ps. 122 hervor, wo ein Wallfahrtsgesang der Gemeinde eingeleitet wird mit שיר המעלות לדוד, und sich die Gemeinde V. 5
erinnert an „die Gerichtsstühle des Hauses David, die einstens
in Jerusalem gewesen sind." שמה ישבו כסאות למשפט כסאות לבית דוד
und wo der Dichter schliesst: „Um des Hauses unseres Gottes
willen", während doch unter David das בית ה' אלהינו nicht
vorhanden war.

Ob die Bearbeiter, Sammler oder Ordner der Psalmen
die letzteren für den Gottesdienst der israelitischen Gemeinde
bestimmten, oder ob die Originaldichter die Absicht hatten, sie zum Zwecke der religiösen Andacht der Gemeinde zu schreiben? — Ob der ursprüngliche Beter etwa der Dichter selbst ist, der an seine
Individualität, oder ob er, indem er „Ich" sagt, an
die Gemeinde Israels denkt, für welche er schreibt? —
Ob das betende Ich — das Psalter-Ego — nicht
erst nach Anordnung einer religiösen Behörde
die Gemeinde Israels geworden, sondern ob diese
es von vornherein unmittelbar nach Schöpfung
des religiösen Poëms gewesen? Das ist eine Frage,
mit der sich viele Erklärer der heil. Schrift befasst haben,
und in unseren Tagen historisch-kritischer Durchforschung
des Kanon mehr denn je, was wohl die theologische Fakultät
der Universität Berlin im Jahre 1894/5 zu folgender „königl."
Preisfrage veranlasst haben mag:

„Recht und Schranken der Behauptung, dass
als das betende Ich in den Psalmen nicht erst in
gottesdienstlichem Gebrauch derselben, sondern
schon nach der Absicht der Dichter die israelitische Gemeinde anzusehen sei, sind am exegeti-
schen Thatbestande darzuthun."

Die tüchtige, das vorhandene Material beherrschende
Studie des Herrn Coblenz aus Bielefeld hat nach dem Urteile

der genannten Anstalt den Preis erworben, ohne aber die
Frage selbst zu lösen. Unabhängig hievon legten wir uns
schon bei der Lektüre der Schriften Ewalds und der verschiedenen hist.-kritischen Einleitungen in die Psalmen diese
Frage vor und unternahmen es im Interesse der Wissenschaft,
bei möglicher Vermeidung der üblichen Citationen von Büchern
und der zwecklosen Häufung von Gelehrten-Notizen, einen
schwachen Beitrag zur Lösung derselben in den vorliegenden
Blättern zu geben.

Von vornherein — und das ist das erste was hervorzuheben uns notwendig scheint — sei betont, dass auch
bei dieser Frage und ihrer Erörterung, nach dem Gesagten,
weder die Ueberschrift noch die Nachschrift — wenn als
solche erkannt — massgebend sein kann, sondern lediglich
der Inhalt und die Gewandung des Psalms. Denn
diese Frage steht auch aufs Innigste mit der der Entstehung
des Psalms in Verbindung.

Es wird vor allem erforderlich sein in Beziehung auf
dieses letztere die Ich-Psalmen, auf welche es hier an-
kommt, aus der ganzen Sammlung auszusondern. Denn
dort, wo die Gesammtheit als solche betet, oder zu beten
aufgefordert wird, oder in Chören sich zu Gott erhebt, wie
z. B. in Ps. 150, will es uns bedünken, dass daselbst fast
durchgehends die Dichter einen liturgischen Zweck von
vornherein verfolgten. (Freilich sind bei den Ich-losen
Psalmen so manche individuell wie z. B. Ps. 10. siehe
weiter bei Besprechung des 9. Ps) In Ps. 29 V. 1—10
tritt eine Aufforderung, הבו, in vielen Psalmen des letzten
Buches, הללו, an die Gesammtheit klar zu Tage. In einigen
ist, wie in Ps. 1, von einer Gemeinde der צדיקים die Rede,
wobei das Ich fehlt. Solche Ich-lose Gedichte kommen demnach hier nicht zur Besprechung. Ich-Psalmen, die wir dagegen
aussondern, zählen wir im ganzen 101. Es sind die folgenden:
2. 3. 4. 5. 6. 7. 8. 9. 11. 13. 14. 16. 17. 18. 19. 20. 22.
23. 25. 26. 27. 28. 30. 31. 32. 34. 35. 36. 37. 38. 39. 40
41. 42. 43. 44. 45. 49. 51 52. 53. 54. 55. 56. 57. 59. 60. 61.
62. 63. 64. 66. 68. 69. 70. 71.—73. 74. 75. 77. 78. 83. 84.
85 86 87. 88. 89.—91. 92. 94. 101. 102. 103. 104.—108.

109. 110. 111. 116. 118. 119. ·120. 121. 122. 123. 129. 130.
131. 135. 137. 138. 139. 140. 141. 142. 143. 144. 145. 146.

Geordnet nach Büchern:

Im 1. Buche 1—42 = 34 Psalmen
„ 2. „ 42—73 = 23 „
„ 3. „ 73—90 = 12 „
„ 4. „ 90—107 = 7 „
„ 5. „ 107—150 = 25 „

Von diesen 101 Psalmen fällt Ps. 108 aus, weil er nichts weiter als eine spätere Abschrift (ein Satz verstümmelt עורה כבודי‎ = אף סכודי‎) von Ps. 57, 8—12 und Ps. 60, 7—17 ist. Des weiteren Ps. 70, der nur eine Wiederholung von Ps. 40, 14—18 ist. Ferner Ps. 65, wo das eine Ich מני‎, wie aus der Anlage zu ersehen, in מנו‎ zu emendieren ist. Desgleichen Ps. 82, wo אני אמרתי‎ für Ich Gott gilt. Auch von Ps. 53, der eine spätere Überarbeitung des fast gleichlautenden Ps. 14 ist, könnte man absehen. Es blieben demnach noch 101—5 = 96 Psalmen zur Besprechung übrig. Für diese 96 Psalmen hoffen wir mit Hülfe der meist aus dem Inhalte sich ergebenden Exegese festzustellen, welche in ihnen als individuelle oder als zweifelhafte erscheinen, und welche als absichtlich für den Gottesdienst der Gemeinde geschrieben gelten können.

Es muss gewisse Kriterien geben, und nach unserem Dafürhalten wären für die individuellen folgende in Betracht zu ziehen:

1.) Psalmen, die zu viel Individuelles enthalten, zu viel persönliche Beziehungen, ein durchgehendes Betonen des Ich oder ein Prävalieren desselben z. B. Ps. 6.

2) Ich-Psalmen, in denen sich unverkennbare Hinweise auf lokale und temporäre Erlebnisse individueller Art finden, von denen die Gesammtheit unberührt bleibt. z. B. Ps. 11. 23.

3.) Lehrgedichte und Moralreden, die sich mit mancherlei Reflexionen befassen, welche für eine ursprüngliche Gesammtheits·Andacht keinen Anhalt darbieten z. B. Ps. 34.

8

Die Kriterien für die unverkennbare Absicht des Autors, der Liturgie zu dienen, sind folgende:

4.) Ich-Psalmen, in denen der Dichter ausdrücklich betont, er schreibe oder dichte für die Gemeinde z. B. Ps. 40, 4.

5.) Wo ausdrücklich national-religöse Beziehungen allgemeinster Art, d. h. nicht vorübergehenden lokalen oder temporären Gepräges vorwalten, wie z. B. in Ps. 137.

6.) Wo das Ich sichtbar ganz aufgeht im Pluralismus, und wo der letztere das Uebergewicht hat, z. B. Ps. 44, 5.

7.) Wo aus dem Wesen des Psalms hervorgeht, dass er für den Chorgesang eingerichtet, Strophen mit Refrain, Chöre und Ähnliches, was darauf hinweist, wie הגיון. שיר und oft auch סלה, enthält, z. B. Ps. 42. 87.

Psalmen, wo der Inhalt zu individuell erscheint, die Sprache aber liturgisches Gepräge zeigt, wie Ps. 39, oder wo die Merkmale sich nicht ganz deutlich abheben, bezeichnen wir als zweifelhaft, wie Ps. 36.

Von diesen Gesichtspunkten ausgehend treten wir den Weg der Analysis der Ich-Psalmen an, wobei, mit dem Unternehmen des Versuchs einer Lösung der obschwebenden Frage, auch der Wunsch, manches Dunkel im Psalmentexte aufzuhellen, einigermassen erfüllt werden möge!

I. Buch.

Psalm 2.

ב לפה רגשו גוים ולאמים יהגו־ריק : יתיצבו מלכי־ארץ
ורוזנים נוסדו־ יחד על־יהוה ועל־ משיחו : ננתקה את
מוסרותימו ונשליכה ממנו עבתימו : יושב בשמים ישחק
אדני ילעג־למו : אז ידבר אלימו באפו ובחרונו יבהלמו :
ואני נסכתי מלכי על ציון הר קדשי : אספרה אל־חק
יהוה אמר אלי בני אתה אני היום ילדתיך : שאל ממני־
ואתנה גוים נחלתך ואחזתך אפסי ארץ : תרעם בשבט ברזל
ככלי יוצר תנפצם : ועתה מלכים השכילו הוסרו שפטי
ארץ : עבדו את־יהוה ביראה וגילו ברעדה : נשקו־בר פן־
'אנף ותאבדו דרך כי־יבער כמעט אפו אשרי כל־חוסי בו :

Die meisten Exegeten beziehen das redende Ich in
V. 7 auf einen mächtigen Herrscher, den nach V. 6 נסכתי מלכי:
על־ציון Gott in Zion gesalbt oder über Zion eingesetzt hatte,
über welchen fremde Könige und Fürsten spotten. Man denkt
an David, der zwar nicht auf Zion gesalbt, aber über
Zion als König eingesetzt worden. Aber von Empörungen
unterjochter Völker gegen David wissen wir nichts. Auch die
messianischen Unterweisungen im Psalm wären bei David
verfrüht. Nach Samuel II. 7, 14 ist David durch Nathan
geweissagt worden, dass Salomo, יהיה לי לבן, Gott zum Sohne
werden würde. Dieser ist in der That auf Zion gesalbt
worden. Gesetzt aber, die allgemein gehaltene Rede Nathans
stimmte zu dem hier vorkommenden: „Gott sprach zu mir:
Du bist mein Sohn"; die friedlichen Zeitverhältnisse unter
Salomo passen gewiss nicht zu: „Warum toben Völker?" u. s. w.
V. 1. Doch könnte es sein, dass es einem Dichter späterer
Zeiten, angesichts eines israelitischen Königs, (Hitzig denkt
an Alexander Jannäus, bei dessen Unfrömmigkeit sich aber
das: „Dienet Gott!" eigenthümlich ausnähme) der solche
Kämpfe, wie die hier geschilderten, zu bestehen hatte, die
auf Davids Sohn (Samuel II 7, 14) gerichtete göttliche

Verheissung dichterisch anzuwenden, in den Sinn kam. Aus allen Erklärungen aber scheint hervorzugehen, dass ein historisches Ereignis dieses Gedicht geschaffen, dass ein König redet, dass auch die reflektierende mit einer Frage למה beginnende Sprache hier vorwaltet, und so wäre man von vornherein geneigt, diesen Psalm ursprünglich nicht zu den liturgischen der Gemeinde Israels zu zählen. — Aber bei tieferem Eingehen dürfte sich die Sache doch anders verhalten. In diesem Psalm, der nach einigen Handschriften sich dem ersten anschliesst (in welchem letzteren von עדת צדיקים die Rede, und der in den Zwiespalt zwischen Frommen und Frevlern einen Berührungspunkt aufweist, — man vergleiche auch den Beginn von Ps. 1 אשרי mit dem Schlusse von Ps. 2 אשרי, — (ganz abgesehen davon, dass sie beide ohne Ueberschrift und Nachschrift dastehen) hätten wir ein Poëm aus späterer Zeit, welches den Staat Zion mit einem gesalbten Könige im Kampf gegen fremde Fürsten und Könige schildert, vor uns. Der Dichter, der da sagt V. 7 אספרה אל חק ה׳ אמר אלי בני אתה אני היום ילדתיך, scheint angesichts der גוים und לאמים die Gesammtheit Israels vor Augen zu haben, wie er den „Königen" den von Gott gesalbten König zu Zion gegenüberstellt. Nach Deuteronom. 14. 1 ist Israel angesprochen worden mit den Worten: בנים! אתם לה׳ אלהיכם. Ferner ist es die jüdischprophetische Idee vom Messias und ihrer siegenden Kraft über die feindlichen Mächte und alle Fürsten, sowie die Aufforderung, dass diese dem Gotte Israels in Furcht dienen, was aus den Sätzen 8—12 klar hervorgeht. Es kann also ein Huldigungslied für Gott sein, geschrieben für die Gemeinde, welche die Herrschaft Gottes und den Sieg der Theokratie in Form einer didaktischen Unterweisung oder eines Lehrgedichtes verkündet. Das besagen die Imperative גילו, אברו ונילו. Der schwierige letzte Vers נשקו בר פן יאנף הוסרו, השכילו נשקו bängt ohne Zweifel mit dem vorhergehenden zusammen und enthält eine Steigeruug der Unterweisung: „Ihr Könige und Erdenrichter nehmt Vernunft an und מוסר, unterwerfet euch Gott in Furcht עברו und widmet ihm im Zagen Lobgesänge ונילו." Und damit das oben V. 5 gesagte או ידבר אלימו באפו sich nicht erfülle, dass Gott nicht zürne פן יאנף, infolgedessen (d. h.

אפו כמעט יבער כי wenn sein Zorn nahezu entbrennen würde)
ihr zu Grunde ginget, (דרך ותאבדו) lehre ich euch: „Rüstet euch
בר נשקו mit Lauterkeit!" Ähnlich deutet auch Ewald: „Nehmet
lauteren Rat an", dem die Septuaginta und das chaldäische
Targum zur Unterlage dienen. Die Septuaginta: δράξαδϑε
παιδείας, Targum: אולפנא קבילו. Auch der Mangel jeglicher Ueberschrift und Zueignung (an David oder Andere), ebenso die
ganze Anlage des Psalms, bei der das Ich einen verschwin-
dend kleinen Raum einnimmt, und wo Einleitung, Dialog
und Aufruf zum Schluss sich als für Viele berechnet besser
denken lassen. Endlich auch die strophische Einteilung, in
welcher Strophen von je 3 Versen schön und regelrecht erscheinen, ist geeignet, die These: dieser Psalm sei als ein
liturgischer Huldigungspsalm der Gemeinde Israels
anzusehen, zu stützen.

Psalm 3.

מזמור לדוד בברהו מפני אבשלום בנו : יהוה מה־רבו :
צרי רבים קמים עלי : רבים אומרים לנפשי אין ישועתה לו
באלהים סלה: ואתה יהוה מגן בעדי כבודי ומרים ראשי :
קולי אל יהוה אקרא ויענני מהר קדשו סלה: אני שכבתי
ואישנה הקיצותי כי יהוה יסמכני לא אירא מרבבות עם אשר
סביב שתו עלי : קומה יהוה הושיעני אלהי כי־הכית את
כל־איבי לחי שני רשעים שברת : ליהוה הישועה על עמך
ברכתך סלה :

In diesem vielfältig als individuell bezeichneten Psalm
erblicken wir, wenn man will, ein Morgengebet, das wohl
den Anschein hat, von einem einzelnen Dichter in seiner Bedrängnis abgefasst und erst später für die Gemeinde Israels
bestimmt worden zu sein. Ob aber ein Psalm, strophisch
gegliedert, wie der in Rede stehende — er hat nämlich 4
Strophen von je zwei Versen mit einem dreimaligen סלה, was
wohl allgemein auf Gemeindegesang hinweist, individuell zu
nehmen ist, dürfte bezweifelt werden. Dazu kommt noch, dass
der letzte Satz, V. 9 סלה ברכתיך עמך על הישועה להי nicht erst
vom Sammler herrühren kann, weil er erst den Abschluss
des in V. 7 und 8 gegebenen Gedankens darstellt, und selbst
Oelshausen, der den Psalm als einen individuellen bezeichnet,
kann nicht umhin, dieses עמך על nicht als ein Gebet für die

Gemeinde, sondern als eines der Gemeinde selbst hinzustellen. Warum sollte denn nicht das zu allen Zeiten von vielen Feinden bedrängte Volk Israel, welche ihm jeglichen Trost in Gott absprechen, wie hier V. 2 und 3 besagen, der Beter sein können? Und ebenso V. 4 und 5 die Stimme zu seinem schützenden Gotte erheben, welchen es מהר קדשו d. h. vom Tempel aus anruft? „Ich habe geschlafen und ich bin erwacht, denn Gott schützt mich, V. 6, und ich fürchte nicht עם מרבבות" V. 7. Warum sollte das nicht als ein Morgengruss der Gesammtgemeinde zu vertrauensvoller Erhebung zu seinem Gotte in der stürmischen Geschichtsepoche des Volkes gelten? Ein Einzelner bedurfte auch nicht des bei den israelitischen Zügen in Numeri 10. 35 angeführten und sich hier wiederfindenden קומה ה'. Ich folgere aus dem Gesagten, dass auch hier das betende Ich die Gemeinde Israel sei!

Psalm 4.

ד לַמְנַצֵּחַ בִּנְגִינוֹת מִזְמוֹר לְדָוִד: בְּקָרְאִי עֲנֵנִי אֱלֹהֵי צִדְקִי
בַּצַּר הִרְחַבְתָּ לִי חָנֵּנִי וּשְׁמַע תְּפִלָּתִי: בְּנֵי־אִישׁ עַד מֶה כְּבוֹדִי
לִכְלִמָּה תֶּאֱהָבוּן רִיק תְּבַקְשׁוּ כָזָב סֶלָה: וּדְעוּ כִּי־הִפְלָה
יְהוָה חָסִיד לוֹ יְהוָה יִשְׁמַע בְּקָרְאִי אֵלָיו: רִגְזוּ וְאַל־תֶּחֱטָאוּ
אִמְרוּ בִלְבַבְכֶם עַל מִשְׁכַּבְכֶם וְדֹמּוּ סֶלָה: וּבְחוּ זִבְחֵי־צֶדֶק
וּבִטְחוּ אֶל־יְהוָה: רַבִּים אֹמְרִים מִי־יַרְאֵנוּ טוֹב נְסָה־עָלֵינוּ אוֹר
פָּנֶיךָ יְהוָה: נָתַתָּ שִׂמְחָה בְלִבִּי מֵעֵת דְּגָנָם וְתִירוֹשָׁם רָבּוּ
בְּשָׁלוֹם יַחְדָּו אֶשְׁכְּבָה וְאִישָׁן כִּי־אַתָּה יְהוָה לְבָדָד לָבֶטַח
תּוֹשִׁיבֵנִי:

Ist der vorige Psalm ein Morgengebet, so wird der 4. Ps. — אמרו בלבבכם על משכבכם — als ein Abendgebet angesehen. Ebenso wie der vorige, wird dieser meist als individuell hingestellt. Aber auch in diesem darf man mit Recht ähnliches wie im vorigen vermuten. Denn weist schon sein Beginn auf eine gewisse Stetigkeit des Gebets, auf eine bestehende Liturgie hin, בקראי עני....ושמע תפלתי, so tritt in V. 7 ein Gebet der Gesammtheit im Plural sichtlich hervor: נסה עלינו אור פניך. Es ist also die GemeindeIsraels, der Viele das Schauen des Guten absprechen, die sich betend vereint, um sich das göttliche Licht seines Angesichtes zu erflehen. Ferner ist V. 9 ein zweimaliger Hinweis auf die Gesammtheit: 1. יחדו אשכבה ואישן „Im Frieden zusammen, will ich schlafen."

2. Das schwierige לברד kann sich unmöglich auf Gott beziehen
sondern auf die Gemeinde Israels, „Denn Du, o Gott, auch
in meiner Einsamkeit wirst du mich sicher wohnen lassen;"
was auch mit Deuteronom. 33.[28], wo fast dieselben Worte
בטח בדד עין יעקב steben, übereinstimmt. Endlich dürfte auch in der
strophischen Anordnung (nämlich 3 Strophen von je 2 Versen
und in der Mitte des Psalms 2 mal das Wort סלה) eine Stütze
für unsere Annahme zu finden sein. Die Anrufung der בני איש
V. 3 — warum sollte sie sich nicht für die Gemeinde Israels,
welche sich verspottet und ihre Ehre in den Staub gezerrt
sieht, eignen? Warum nicht V. 4 ודעו כי הפלה ה׳ חסיד לו den
Gegensatz bezeichnen zu denen, die sich gegen Gott ver-
sündigen, zu den בני איש, welchen der Autor zuruft, dass sie
um dieser Versündigung willen beben und verstummen sollen.
und dass sie Busse thun müssen: V. 6 ובחו זבחו צדק? Von einem
Einzelnen gesprochen würde dieser liturgische Hinweis
kaum verständlich sein.

Psalm 5.

ה למנצח אל־הנחילות מזמור לדוד: אמרי האזינה יהוה
בינה הגיגי: הקשיבה לקול שועי מלכי ואלהי כי אליך
אתפלל: יהוה בקר תשמע קולי בקר אערך־לך ואצפה: כי
לא אל־חפץ רשע אתה לא יגרך רע: לא־יתיצבו הוללים
לנגד עיניך שנאתי כל־פעלי און: תאבד דברי כזב איש־
דמים ומירמה יתעב יהוה: ואני ברוב חסדך אבוא ביתך
אשתחוה אל היכל־קדשך ביראתך: יהוה נחני בצדקתך
למען שוררי הישר לפני דרכך: כי אין בפיהו נבונה קרבם
הוות קבר־פתוח גרונם לשונם יחליקון: האשימם אלהים
יפלו ממעצותיהם ברב פשעיהם הדיחמו כי־מרו בך: וישמחו
כל־חוסי בך לעולם ירננו ותסך עלימו ויעלצו בך אהבי
שמך: כי־אתה תברך צדיק יהוה כצנה רצון תעטרנו:

Aus der Einleitung geht hervor, dass es sich hier um
ein Morgengebet handelt V. 4 ה׳ בקר תשמע קולי. Ebenso aus
V. 2 und 3, in welchen von der Stetigkeit des Gebets אליך
אתפלל die Rede ist. Auch kann V. 8 — „ich komme in den
Tempel" — darauf hinweisen. In diesem Morgengebete wird
ferner V, 9 die Lebensführung und der Kampf ums Dasein
nach dem Ausgang aus dem Tempel betont. „Ebne vor mir
deinen Weg, führe mich in deiner Tugend um meiner Feinde
willen!" Die nationale Beziehung in V. 8 lässt unschwer
errathen, dass der Tempel zu Zion stehe, und dass sich die

Gemeinde darin zur regelmässigen Andacht einfindet. Ferner die Gegensätze zwischen הוללים Spöttern, Uebeltätern, פעלי און, Lügnern דברי כזב in V. 6 und 7, den Heuchlern in V. 10 zu dem Gerechten, צדיק, in V. 13 und dem Gottvertrauenden und Gott Liebenden in V. 12, führen auf die Vermutung, dass auch hier der Dichter für die fromme Gemeinde dichtet. Dazu kommt, dass wir mit Köster zwei Strophen mit je fünf Versen nach einer Einleitung von V. 2 und 3 mit Fug und Recht annehmen dürfen.

Psalm 6.

ּ לַמְנַצֵּחַ בִּנְגִינוֹת עַל־הַשְּׁמִינִית מִזְמוֹר לְדָוִד : יְהוָה אַל
בְּאַפְּךָ תוֹכִיחֵנִי וְאַל־בַּחֲמָתְךָ תְיַסְּרֵנִי : חָנֵּנִי יְהוָה כִּי אֻמְלַל
אָנִי רְפָאֵנִי יְהוָה כִּי נִבְהֲלוּ עֲצָמָי : וְנַפְשִׁי נִבְהֲלָה מְאֹד וְאַתָּה
יְהוָה עַד־מָתָי : שׁוּבָה יְהוָה חַלְּצָה נַפְשִׁי הוֹשִׁיעֵנִי לְמַעַן
חַסְדֶּךָ : כִּי אֵין בַּמָּוֶת זִכְרֶךָ בִּשְׁאוֹל מִי יוֹדֶה־לָּךְ : יָגַעְתִּי
בְּאַנְחָתִי אַשְׂחֶה בְכָל־לַיְלָה מִטָּתִי בְּדִמְעָתִי עַרְשִׂי אַמְסֶה :
עָשְׁשָׁה מִכַּעַס עֵינִי עָתְקָה בְּכָל־צוֹרְרָי : סוּרוּ מִמֶּנִּי כָּל־פֹּעֲלֵי
אָוֶן כִּי שָׁמַע יְהוָה קוֹל בִּכְיִי : שָׁמַע יְהוָה תְּחִנָּתִי יְהוָה תְּפִלָּתִי
יִקָּח : יֵבֹשׁוּ וְיִבָּהֲלוּ מְאֹד כָּל־אֹיְבָי יָשֻׁבוּ יֵבֹשׁוּ רָגַע :

Dieser allgemein in die tägliche Morgenandacht der Juden gelangte Psalm, genannt „Tachnun", „Flehen", ist entschieden ursprünglich individuell. Die Annahme von Strophen scheint nicht gerechtfertigt. Nationale Beziehungen sind keineswegs darin zu finden. Wenn auch in V. 8 von כל צררי, V. 9 von פעלי און, V. 11 von כל איבי die Rede, so sind diese Feinde doch sehr unbestimmt, und kann wohl jedes Individuum als solches, in Bedrängnis und Notlage geraten, also reden, insbesondere, wenn es seine Krankheit und sein Leid auf böse Menschen und ihr Gebahren zurückführen kann. In solcher Lage scheint der Autor zu sein, der von seiner Krankheit redet, von der „Erschütterung seines Gebeines", von dem „Erschrockensein seiner Seele", in V. 3 und 4 den Tod fürchtet und Gott um Besserung bittet, in V. 5, 6, 7 vertrauensvoll die Ursache seiner Leiden, das sind die Uebeltäter, entfernt wünscht und der Hoffnung Raum giebt, dass Gott die Stimme seines Wimmerns erhöre. Diese Vertrauensseligkeit lässt am Schlusse den Gedanken der Beschämung aller seiner Widersacher im Anblicke des Misslingens ihrer Pläne hervortreten.

Psalm 7.

ז שניון לדוד אשר שר ליהוה על דברי כוש בן ימיני:יהוה אלהי
בך חסיתי הושיעני מכל רדפי והצילני : פן יטרף כאריה נפשי פרק
ואין מציל: יהוה אלהי אם עשיתי זאת אם יש עול בכפי: אם־גמלתי
שלמי רע ואחלצה צוררי ריקם : ידדף אויב נפשי וישג וירמס לארץ
חיי וכבדי לעפר ישכן סלה: קומה יהוה באפך הנשא בעברות צוררי
ועירה אלי משפט צוית : ועדת לאמים תסובבך ועליה למרום שובה:
יהוה ידין עמים שפטני יהוה כצדקי וכתמי עלי: יגמר־נא רע רשעים
ותכונן צדיק ובחן לבות וכליות אלהים צדיק: מגני על־אלהים מושיע
ישרי־לב: אלהים שופט צדיק ואל זעם בכל־יום: אם־לא ישוב
הרבו ילטוש קשתו דרך ויכוננה: ולו הכין כלי־מות הצי לדלקים
פעל : הנה יחבל־און וחרה עמל וילד שקר: בור כרה ויחפרהו: ויפל
בשחת יפעל : ישוב עמלו בראשו ועל קדקדו חמסו ירד : אודה יהוה
כצדקו ואזמרה שם־יהוה עליון :

Es ist ein Lied in welchem wohl das Individuelle wie im vorigen Psalm besonders dadurch hervortritt, dass der Dichter meist vom Ich, von Selbstprüfungen, von einer Rechtfertigung seines Verfolgtwerdens für den Fall redet, dass er wirklich die Pein verdient hätte. Auch das Sichstützen auf Gott und die Anrufung des gerechten Richters, endlich die Neigung zu Reflexionen über den Bösewicht, der Anderen eine Grube gräbt, und der Wunsch, dass jener in dieselbe hineinfalle, weise darauf hin, dass der Dichter für sich allein spricht.

Allein abgesehen davon, dass nach Anschauung des alten Israel jedes Übel als Strafe für eigene Vergehen betrachtet wird, demzufolge die Gesammtheit Israels an nichts so sehr wie an Selbstprüfungen durch alle Perioden ihrer Leidensgeschichte sich gewöhnt hat, so dass V. 4, 5 und 6: „Wenn Unrecht in meiner Hand, wenn ich meinen Freunden Böses vergolten, und meine Dränger umsonst bedrückt hätte: Dann möge der Feind mich verfolgen und zertreten und meine Ehre in den Staub zerren," als ein Gemeindegebet wohl gelten kann, kommt noch ganz besonders V. 8 und 9 dazu. ה׳ ידין עמים und ועדת לאמים תסובבך „Gott, der die Völker richten wird, richte mich." „Die Gemeinde der Nationen umgiebt dich", was bei einer individuellen Beziehung kaum ausgesprochen werden könnte. Auch die specielle Andeutung des Gegensatzes zwischen Frevlern und Pflichtgetreuen רע רשעים V. 10 und 2 mal im selben Satze צדיק, wobei אלהים צדיק vortrefflich zu V, 11 passt, „mein Schild auf Gott" und zu V. 12 אלהים שופט צדיק, lässt solches vermuthen. Die Reflexion in V. 13, 14, 15, 16 und das Verhältnis des gött-

lichen Richters zum Bösewicht sowie der Schluss, dass dessen
Unheil auf sein eigenes Haupt zurückfällt, steht durchaus
nicht unvermittelt da, sondern schliesst sich enge an שופט צדיק
an. Es ist ferner wohl zu beachten, dass das in der Mitte
V. 6 stehende סלה, ferner die in V. 7 ועורה, הנשא, קומה, vorkommenden Aufrufe, dass V. 18, der Schluss schwerlich ein
später eingeschobenes liturgisches Epiphonem, weil in naher
Beziehung zu dem Vorhergehenden — siehe das Wort כצדקו
— ist: so dürfte dieser Psalm, wie die meisten Erklärer wohl
auch annehmen, als ein ursprünglich für den Gemeindegottesdienst bestimmter zu bezeichnen sein.

Psalm 8.

ח למנצח על־הגתית מזמור לדוד : יהוה אדנינו מה־אדיר
שמך בכל־הארץ אשר תנה הודך על־השמים: מפי עוללים
וינקים יסדת עז למען צורריך להשבית אויב ומתנקם :
כי־אראה שמיך מעשה אצבעתיך ירח וכוכבים אשר כוננתה:
מה־אנוש כי־תזכרנו ובן־אדם כי־תפקדנו: ותחסרהו מעט
מאלהים וכבוד והדר תעטרהו : תמשילהו במעשה ידיך בל
שתה תחת־רגליו : צנה ואלפים כלם וגם בהמות שדי :
צפור שמים ודני הים עבר ארחות ימים : יהוה אדנינו
מה־אדיר שמך בכל־הארץ:

In diesem Gottes Natur bewundernden Gedichte mit
der Einleitung und dem Schlusse: „Ewiger, unser Gott, wie
mächtig ist dein Name auf der ganzen Erde,“ kommt ein
einziger Ich-Satz vor, nämlich V. 4 : „Wenn ich deinen Himmel
schaue“ u. s. w. Von vornherein wäre man geneigt, die
reflektierende Sprache des Dichters, ohne jede Beziehung
auf Nationales oder Religiöses, die sich lediglich mit der
Natur beschäftigt, die der Entzückung des Dichters in Folge
seiner bewundernden Anschauung des Universums innigen
Ausdruck giebt, und ihn zu trefflichen Schlüsssen auf den
Menschen veranlasst, als entschiedene Verneinung der Frage,
ob solches die Gesammtheit einer Gemeinde im Gottesdienste
interessiere, anzusehen. Allein, was in diesem Psalm steht,
ist voll von speciell jüdischer Denkweise. Zunächst ist hier die
Reflexion des Dichters der Bewunderung der Natur zugewandt,
aber nicht als solcher, sondern als Werk des Schöpfers.
Vergl. Genesis 1.¹· „Die Himmel sind die Schöpfungen von
Gottes Fingern, Mond und Sterne sein Werk.“ Der Mensch wird
von Gott als Herrscher des Alls daselbst bezeichnet. Dann

ist V. 3 — מפי עוללים וינקים יסרת עז — in der Gesetzeslehre oder in dem Wissen von Gott die Macht gegen gewisse Feinde hingestellt: למעי צורריך להשבית אויב ומתנקם. Diese Feinde in ihrer Gottesverachtung wirken unverkennbar gegen die Begründung der Gottesherrschaft in Israel, die aus dem Munde der in der Religion unterrichteten Kinder kommt. Was nun das Unvermittelte dieses national gefärbten Satzes zu dem Übrigen im Psalm betrifft, hiefür dürfte folgende Erläuterung massgebend sein : Der Dichter stellt die Ungläubigen צורריך, die nicht von der Natur auf den Schöpfer schliessen, den Gottpreisenden Kindern gegenüber. Schon der Kindermund würde imstande sein, להשבית אויב, d. h. nicht auszurotten, sondern „zur Ruhe zu bringen" den ungläubigen Gottesfeind. Allein der Kinder Lobpreis (Gottes) ist deshalb ungenügend, weil er meist unbewusst tönt. Wogegen der Dichter ein vollkommen bewusstes Huldigungslied dadurch anstimmt, dass er die Werke des Schöpfers schildert, den schwachen Menschen angesichts der Allmacht Gottes auf der einen Seite zur Demut ermahnt, andererseits ihn in der Erinnerung, er sei der König der Erde, zur Erhebung anspornen will. Diese Belehrung nähme sich aber im Munde eines seine Bewunderung verdolmetschenden Dichters eigentümlich aus, anders ist es, wenn die Gemeinde Israels die echt jüdische Idee, Gott aus seinen Werken zu erkennen, in einem öffentlichen Huldigungsliede im Gotteshause zum Ausdruck bringt. Dies passt viel bessser zum Anfang und zum Schluss in welchen beiden ein Plural אדנינו steht. Auch wird man wahrlich Vers 2 unmöglich als einen aus späterer Zeit stammenden annehmen dürfen, steht er doch unverkennbar mit אשר תנה הודך על השמים (V. 2) mit der Bewunderung (V. 4) — אראה שמי- — und mit dem ganzen Psalm in inniger Verbindung. Auch kann mit V. 9 der Psalm unmöglich schliessen, weil er keinen Abschluss des Gedankens giebt. Es ist also V. 10 ה׳ אדונינו מה אדיר שמך durchaus kein Epiphonem des Sammlers, sondern ein vom Dichter selbst für den Chorgesang der Gesammtheit von Anfang an bestimmter Vers. Der Ich-Satz V. 4: „Wenn ich schaue", gilt demnach der Gemeinde Israels.

Psalm 9 und 10.

מ לַמְנַצֵּחַ עַל־מוּת לַבֵּן מִזְמוֹר לְדָוִד: אוֹדֶה יְהוָה בְּכָל־לִבִּי
אֲסַפְּרָה כָּל־נִפְלְאוֹתֶיךָ: אֶשְׂמְחָה וְאֶעֶלְצָה בָךְ אֲזַמְּרָה שִׁמְךָ
עֶלְיוֹן: בְּשׁוּב אוֹיְבַי אָחוֹר יִכָּשְׁלוּ וְיֹאבְדוּ מִפָּנֶיךָ: כִּי עָשִׂיתָ
מִשְׁפָּטִי וְדִינִי יָשַׁבְתָּ לְכִסֵּא שׁוֹפֵט צֶדֶק: גָּעַרְתָּ גוֹיִם אִבַּדְתָּ
רָשָׁע שְׁמָם מָחִיתָ לְעוֹלָם וָעֶד: הָאוֹיֵב תַּמּוּ חֳרָבוֹת לָנֶצַח
וְעָרִים נָתַשְׁתָּ אָבַד זִכְרָם הֵמָּה: וַיהוָה לְעוֹלָם יֵשֵׁב כּוֹנֵן
לַמִּשְׁפָּט כִּסְאוֹ: וְהוּא יִשְׁפֹּט תֵּבֵל בְּצֶדֶק יָדִין לְאֻמִּים
בְּמֵישָׁרִים: וִיהִי יְהוָה מִשְׂגָּב לַדָּךְ מִשְׂגָּב לְעִתּוֹת בַּצָּרָה:
וְיִבְטְחוּ בְךָ יוֹדְעֵי שְׁמֶךָ כִּי לֹא־עָזַבְתָּ דֹרְשֶׁיךָ יְהוָה: זַמְּרוּ
לַיהוָה יֹשֵׁב צִיּוֹן הַגִּידוּ בָעַמִּים עֲלִילוֹתָיו: כִּי־דֹרֵשׁ דָּמִים
אוֹתָם זָכָר לֹא שָׁכַח צַעֲקַת עֲנָוִים: חָנְנֵנִי יְהוָה רְאֵה עָנְיִי
מִשֹּׂנְאָי מְרוֹמְמִי מִשַּׁעֲרֵי מָוֶת: לְמַעַן אֲסַפְּרָה כָּל־תְּהִלָּתֶיךָ
בְּשַׁעֲרֵי בַת־צִיּוֹן אָגִילָה בִּישׁוּעָתֶךָ: טָבְעוּ גוֹיִם בְּשַׁחַת עָשׂוּ
בְּרֶשֶׁת־זוּ טָמָנוּ נִלְכְּדָה רַגְלָם: נוֹדַע יְהוָה מִשְׁפָּט עָשָׂה בְּפֹעַל
כַּפָּיו נוֹקֵשׁ רָשָׁע הִגָּיוֹן סֶלָה: יָשׁוּבוּ רְשָׁעִים לִשְׁאוֹלָה כָּל־
גּוֹיִם שְׁכֵחֵי אֱלֹהִים: כִּי לֹא לָנֶצַח יִשָּׁכַח אֶבְיוֹן תִּקְוַת עֲנִיִּים
תֹּאבַד לָעַד: קוּמָה יְהוָה אַל־יָעֹז אֱנוֹשׁ יִשָּׁפְטוּ גוֹיִם עַל־פָּנֶיךָ:
שִׁיתָה יְהוָה מוֹרָה לָהֶם יֵדְעוּ גוֹיִם אֱנוֹשׁ הֵמָּה סֶלָה:

י לָמָה יְהוָה תַּעֲמֹד בְּרָחוֹק תַּעְלִים לְעִתּוֹת בַּצָּרָה: בְּגַאֲוַת
רָשָׁע יִדְלַק עָנִי יִתָּפְשׂוּ בִּמְזִמּוֹת זוּ חָשָׁבוּ: כִּי־הִלֵּל רָשָׁע עַל
תַּאֲוַת נַפְשׁוֹ וּבֹצֵעַ בֵּרֵךְ נִאֵץ יְהוָה: רָשָׁע כְּגֹבַהּ אַפּוֹ בַּל־יִדְרֹשׁ
אֵין אֱלֹהִים כָּל־מְזִמּוֹתָיו: יָחִילוּ דְרָכָיו בְּכָל־עֵת מָרוֹם
מִשְׁפָּטֶיךָ מִנֶּגְדּוֹ כָּל־צוֹרְרָיו יָפִיחַ בָּהֶם: אָמַר בְּלִבּוֹ בַּל־אֶמּוֹט
לְדֹר וָדֹר אֲשֶׁר לֹא בְרָע: אָלָה פִּיהוּ מָלֵא וּמִרְמוֹת וָתֹךְ תַּחַת
לְשׁוֹנוֹ עָמָל וָאָוֶן: יֵשֵׁב בְּמַאְרַב חֲצֵרִים בַּמִּסְתָּרִים יַהֲרֹג נָקִי
עֵינָיו לְחֵלְכָה יִצְפֹּנוּ: יֶאֱרֹב בַּמִּסְתָּר כְּאַרְיֵה בְסֻכֹּה יֶאֱרֹב
לַחֲטוֹף עָנִי יַחְטֹף עָנִי בְּמָשְׁכוֹ בְרִשְׁתּוֹ: וְדִכֶּה יָשֹׁחַ וְנָפַל בַּעֲצוּמָיו
חֶלְכָּאִים: אָמַר בְּלִבּוֹ שָׁכַח אֵל הִסְתִּיר פָּנָיו בַּל רָאָה לָנֶצַח:
קוּמָה יְהוָה אֵל־נְשָׂא יָדֶךָ אַל־תִּשְׁכַּח עֲנָוִים: עַל־מֶה נִאֵץ
רָשָׁע אֱלֹהִים אָמַר בְּלִבּוֹ לֹא תִדְרֹשׁ: רָאִתָה כִּי־אַתָּה עָמָל
וָכַעַס תַּבִּיט לָתֵת בְּיָדֶךָ עָלֶיךָ יַעֲזֹב חֵלְכָה יָתוֹם אַתָּה הָיִיתָ
עוֹזֵר: שְׁבֹר זְרוֹעַ רָשָׁע וָרָע תִּדְרוֹשׁ־רִשְׁעוֹ בַל־תִּמְצָא: יְהוָה מֶלֶךְ
עוֹלָם וָעֶד אָבְדוּ גוֹיִם מֵאַרְצוֹ: תַּאֲוַת עֲנָוִים שָׁמַעְתָּ יְהוָה
תָּכִין לִבָּם תַּקְשִׁיב אָזְנֶךָ: לִשְׁפֹּט יָתוֹם וָדָךְ בַּל־יוֹסִיף עוֹד
לַעֲרֹץ אֱנוֹשׁ מִן־הָאָרֶץ:

Diese beiden Psalmen werden schon in frühem Alter-
tume als e i n Psalm bezeichnet. Berührungspunkte zwischen
beiden finden mancherlei statt. Auch haben beide gestörte
Alphabetika. In Psalm 10 sind noch קרישׁת deutlich zu ersehen, während im 9. Ps. אבגדהוזחטיכליצ und עקשׁ zu erkennen
sind. Es fehlen דימיסיפרית. Die Sache scheint sich folgendermassen zu verhalten. Die uns vorliegenden zwei Psalmen sind
die Bearbeitung eines älteren Psalms, wobei der Bearbeiter
einzelne Sätze selbständig teils verändert, teils eingeschoben,
teils andere hinzugefügt hat. Die Bearbeitung des Ps. 10 scheint
nur weniges von dem Originalpsalm der nach unserem Dafürhalten l i t u r g i s c h geordnet gewesen, beibehalten zu haben,

während wir in Ps. 9 den grössten Teil dieses liturgischen Psalms, freilich etwas verstümmelt und die Verstümmelung durch Verdoppelung mancher Anfangsbuchstaben wie א, oder durch Einschiebung neuer und Dislokation alter Sätze etwa, unkenntlich gemacht sehen. Nach unserem Dafürhalten würde der ursprüngliche Psalm aus folgenden Sätzen bestehen V. 3 אשמחה, „ich freue mich und werde Dein frohlocken." V. 4 בשוב אויב, „Wenn meine Feinde zurücktreten würden." V. 6 גערת „Wenn du den Völkern einen Vernichtungsverweis gäbest." V. 7 האויב „o Feind, ein Ende nähmen dann die Trümmer für ewig;" V. 8 וה oder auch V. 9 והוא ישפט „Gott, der aus ewig besteht, richtet die Welt mit Gerechtigkeit;" V. 12 זמרו „singet dem Herrn, der zu Zion residiert;" V. 14 חנני, „sei mir gnädig, siehe mein Elend, das von meinen Feinden herrührt; V. 16 טבעו גוים „es sinken die Völker in das Verderben, das sie bereitet." V. 18 ישובו רשעים „die Frevler, das sind die gottvergessenen Völker, kommen in das Scheol;" V. 5 כי עשית משפטי „denn du hast vollbracht meine Rechtssache," oder auch V. 19 כי לא לנצח „nicht auf ewig bleibt der Dürftige vergessen;" V. 15 למען אספרה, „damit ich verkünde all dein Lob in den Thoren der Tochter Zions; V. 17 נודע ה' משפט „erkannt wird Gott durch das Recht, das er vollbringt, und durch des Frevlers Hände-Werk wird dieser verstrickt — הגיון סלה — Da scheint ein Absatz zu sein. Es folgen die anderen Sätze, die dem Bearbeiter nicht vorgelegen oder entfallen sein mögen. Sie fehlen hier, wie auch das מ vor נ, so auch מ'ע'פ'ר'ית. Nur zwei Sätze ק und ש mit passendem Schlusse סלה sind vorhanden. קימה ה' V. 20 „erhebe dich Gott, dass der Mensch nicht vergewaltigt werde; es mögen die Feinde vor deinem Angesichte gerichtet werden" und V. 21 שיתה ה' „setze Gott ihnen einen Lehrer ein, will man nicht מורא mit א d. h. jage ihnen Furcht ein" „es sollen die Völker erkennen, dass sie Menschen sind סלה." So ist das ursprüngliche Gedicht unzweifelhaft ein vom Dichter für die Gemeinde Israel in einer Zeit der Bedrängnis Israels geschriebenes Poëm. Zuerst mit dem Gedanken des Gottespreises in Verbindung mit der Bedingung, dass, wenn die Feinde straucheln würden und die Gemeinde,

2

ihm zurufen würde können : „zu Ende sind deine Eroberungen,"
dann werde dieses betende Ich, das jetzt vielleicht ausserhalb Zions weilt, (V. 15) Gottes Lob בשערי בת ציון verkünden, auf dass es allgemein erkannt werde, wie Gott, der
ישב ציון, sich so wunderbar gegen sein Volk als gerechter
Richter und Demütiger der Gottvergessenen גוים und רשעים
geoffenbart hat.

Und indem sich Gott also erhebt, er-
fahren die Völker durch dieses Strafgericht, dass er ihr Zucht-
meister und Lehrer sein kann, dass sie aufhören, Tyrannen
zu sein und anfangen, Menschen zu werden. Unverkennbar
deuten die zweimaligen סלה, — das erste in V. 17 mit הגיון
— auf Gemeindegesang hin. Ebenso die genannten nationalen
Beziehungen zu Zion, die vielen Plurale, auch die Gegner
עניים. גוים, לאמים, איבי zu עניים, עמים, גוים, רשעים, ferner das Strafgericht
V. 9 ישפט תבל בצדק giebt zweifellos die ursprüngliche liturgische Absicht zu erkennen. Vielleicht wäre es angebracht,
aus dem folgenden Psalm Vers 16 אבדו גוים מארצו ה' מלך עולם ועד,
weil ihm viele Stellen in Psalm 9 verwandt sind,
hierselbst seinen Platz anzuweisen. Ganz entschieden passt
er in den folgenden Psalm nicht, wo kein einziges Mal von
Völkern im Plural die Rede ist. Hierbei dürfen wir wohl
schon sagen, dass der ganze 10. Psalm mit seinen vielen
Singularen und seiner Reflexion rein individuell aufzufassen
ist. Aber der Dichter ist derselbe, der in Ps. 9 gewisse
Sätze einschiebt oder die Reihenfolge des Alphabets selbst-
ständig ändert, so z. B. V. 2 אודה ח', „ich danke Gott von
ganzem Herzen," welchen ich nicht mit dem übrigen Psalm
für so übereinstimmend halte als den folgenden 3. V.
mit א „ich frohlocke durch dich und werde deinen Namen,
Höchster, preisen," wenn das Folgende eintritt: בשוב אויבי u. s. w.
Wenn der Bearbeiter den Buchstaben כ' כי עשית משפטי zwischen
ב' und נ' einschiebt, so haben wir dies wohl als Grund dafür
anzunehmen, dass er für die folgenden Sätze נערת גוים ein
Motiv sucht; deutlicher gesagt: die Sätze נערת גוים, „du hast
die Völker verwiesen", stehen in Beziehung zu dem Vorhergehenden, nämlich: Wenn du mein Recht vollführest, so
wirst du wohl die Völker verweisen, und so werde ich wohl
zu ihnen sprechen können האויב תמו חרבות לנצח. Die Einschiebung

von zwei Sätzen mit ו V. 10 und 11 wie משנב לדך ויהי ה׳ und
ויבמהו בך, „Gott wird sein eine Burg dem Armen, und es
werden dir vertrauen die Kinder deines Namens", sind An-
klänge an den Vers 18 des folgenden Psalms, wo auch von
ודך die Rede ist, und gilt mehr individuell. V. 13 כי דרש רמים,
„Gott, der forschet nach dem vergossenen Blute, vergisst
nicht das Wehgeschrei der Demüthigen," mag vielleicht als
ursprünglich für den Buchstaben כ in diesem Psalme gelten,
viel richtiger aber, weil es den Zusammenhang besser giebt,
wäre der genannte V. 5 mit יכ, während Vers 19 כי לא לנצח
„nicht auf ewig wird vergessen der Dürftigen," mehr das
Gepräge des in trauriger Lage sich befindenden Dichters
selbst trägt, des Dichters, der in den letzten vier Buchstaben-
sätzen des Alphabets im folgenden Ps. 10 sich über das Leid
ausspricht, das er als Waise, als Armer und Verlassener empfindet, dem ein Feind im Dickicht des Waldes auflauert
V. 9, dessen Mund voll Trug V. 7, der da prahlt, nicht zu
wanken V. 6, nach Gott nicht fragt, ja Ihn verachtet V. 3, 4.
Aus all dem geht hervor, so wie auch aus den Anklängen
לערץ אנוש מן הארץ Ps. 10 V. 18 mit dem zweimaligen אנוש V. 20
und 21 in Ps. 9, dass es der Bearbeiter jenes verstümmelten
Alphabetpsalms ist, welcher ursprünglich liturgisch gewesen, dass aber Ps. 10, wo auch nicht eine Spur von סלה
— im Gegensatz zum vorigen — ohne Frage als ein individueller
gilt. Nur diese Erläuterung erheischte die Besprechung von
Ps. 10, welcher sonst nicht in Betracht käme, da er kein
Ichpsalm ist.

Psalm 11.

יא למנצח לדור ביהוה חסיתי איך תאמרו לנפשי נורי
הרכם צפור : כי הנה הרשעים ידרכון קשת כוננו הצם על-
תיר לירות כמו אסל לישרי לב : כי השתות יהרסון צדיק
מה-פעל : יהוה בהיכל קדשו יהוה בשמים כסאו עיניו
יחזו עמעמו יבחנו בני אדם : יהוה צדיק יבחן ורשע ואהב
חמס שנאה נפשו : ימטר על-רשעים פהיב אש ונפסית ורוח
זלעפות מנת כוסם : כי-צדיק יהוה צדקות אהב ישר יחזו
פנימו :

In diesem Psalm kommt ein einziges Ich vor. „Ich vertraue auf Gott; wie könnt ihr zu meiner Seele sagen, flieh'
zu eurem Berge, Vogel" גודו הרכם צפור, doch ist das כתיב, die

alte Leseart נודו vorzuziehen: „Fliehet ihr Vögel zu eurem
Berge" d. i. Zion, צפור kollektiv. Man könnte also versucht
sein, dieses Ich auf die Gemeinde Israels zu beziehen. „Ich
vertraue auf Gott, wie könnt ihr zu mir sagen, fliehet zu
eurem Berge." Allein, wenn wir auch nicht der alten Version
den Vorzug geben, die da liest נודי הר כמו צפור, fliehe ins Gebirge wie ein Vogel, da dieses zu dem folgenden Satze:
„denn siehe die Frevler spannen den Bogen," besser passt,
glaube ich doch, dass der ganze Psalm, der nichts Nationales
aufweist, sich auf ein individuelles Ereignis bezieht. Der
Dichter wird von einem Feinde zur Flucht veranlasst, weil
böse Menschen auf ihn den Bogen spannen, und seine
Freunde rufen ihm zu V. 3: כי השתות יהרסון, „siehe die Festen
sind eingerissen." D. h. die Festen, auf die du dich hättest
stützen können, צדיק מה פעל, was hast du also gewonnen?
Darum fliehe ins Gebirge!" Der Dichter aber, der auf Gott
vertraut und damit V. 2 beginnt, antwortet: „Nein, Gott im
Himmel schaut und prüft, und wird Vergeltung üben an dem
אהב חמם, dem Gewaltliebenden, wird ferner auf die Bösen
Kohlen, Feuer, Schwefel und Glutwind kommen lassen"
V. 5, 6. Dem V. 7 „Gott in seiner Gerechtigkeit wird den
Redlichen nicht vernichten, sondern ihn sein Angesicht
schauen lassen." ישר יחזו פנימו. Es wäre noch zu erwähnen,
dass das היכל קדש hier durchaus nicht den Tempel auf Zion
bedeuten kann, denn es sagt weiter nichts als das zweite
Glied im Parallelismus, בהיכל קרשו ist dasselbe wie בשמים, „der
Herr im Tempel seiner Heiligkeit, der Herr, im Himmel ist
sein Thron," wobei also das zweite Glied das erste erläutert.
Auch von einem Strophenbau kann hier nicht die Rede sein.

Psalm 13.

יג למנצח מזמור לדוד : עד־אנה יהוה תשכחני נצח עד־
אנה תסתיר את־פניך ממני : עד־אנה אשית עצות בנפשי
יגון בלבבי יומם עד־אנה ירום איבי עלי : הביטה ענני יהוה
אלהי האירה עיני פן־אישן המות : פן־יאמר איבי יכלתיו
צרי יגילו כי אמוט : ואני בחסדך בטחתי יגל לבי בישועתך
אשירה ליהוה כי גמל עלי :

In diesem sechsversigen Psalm, in dem nicht der ge-
ringste Hinweis auf Nationales, nur ein einziges Mal von
einem Plural der Feinde (V. 5) צרי die Rede ist, tritt der
Individualismus eben so klar wie oben (in V. 6) hervor. Es
ist ein Einzelner, der in seinem Leide sich hier an Gott
wendet; auch Satz 4 mit dem eigentümlichen פן אישן המות
kann unmöglich für eine Gesamtheit Zeugnis ablegen. Ob
Satz 6 ein später hinzugekommenes Epiphonem ist, kommt
hier nicht in Betracht.

Psalm 14.

יד למנצח לדוד אמר נבל בלבו אין אלהים השחיתו
התעיבו עלילה אין עשה טוב : יהוה משמים השקיף על־
בני אדם לראות היש משכיל דרש את־אלהים : הכל סר
יחדו נאלחו אין עשה־טוב אין גם־אהד : הלא ידעו כל־
פעלי און אכלי עמי אכלו לחם יהוה לא קראו : שם פחדו
פחד כי אלהים בדור צדיק : עצת־עני תבישו כי יהוה
מהסהו : מי־יתן מציון ישועת ישראל בשוב יהוה שבות עמו
יגל יעקב ישמה ישראל :

Es muss von vorne herein dieses Gedicht mit Psalm 53
im II. Buche, welcher als eine zweite Rezension dieses
Psalms gilt, zur Besprechung gelangen. Die Unterschiede
zwischen Ps. 53 und diesem sind folgende. Dort ist mehr
von אלהים die Rede, wo hier ה' steht. Dort heisst es in V. 2
כי אלהים פזר עצמות חנך, hier עלילה. Dort heisst es V. 6
u. s. w., während hier כי אלהים בדור צדיק V. 5 und im 6. V.
עצת עני תבישו כי ה' מחסהו. Man könnte noch V. 4 im 53. Ps.
כלי, dem hier in V. 4 הכל entspricht, anführen. Wenn das
in V. 4 sich vorfindliche אכלי עמי, „Verzehrer meines Volkes"
die Rede Gottes ist, fällt eine Betrachtung dieses Psalms
von selbst aus : denn ein weiteres Ich findet sich im ganzen
Psalm nicht. Handelt es sich aber um die Worte des
Dichters, der da spricht von einem נבל, Niederträchtigen, der
in seinem Herzen keinen Gott kennt, und darum böse
handelt, so dass der Dichter ihm zuruft : „Siehe Gott schaut

vom Himmel herab, wisset ihr denn nicht, ihr Übelthäter, die ihr mein Volk, das ist Israel, verzehret wie Brod und den Herrn nicht anrufet," so wird man zu der Vermutung gelangen, dass wir es sowohl bei Ps. 14 als auch Ps. 53 mit einem **individuellen** zu thun haben, wobei der Schlussvers מי יתן מציון ישועת als in Beziehung auf die späte Zeit der Rückkehr aus dem Exil, בשוב ה' שבות עמו, als Epiphonem anzusehen ist. Es handelt sich sonach in beiden Psalmen um den נבל, der in der Zeit des Dichters in seiner Gottlosigkeit und Gottesverlästerung Israel aufzehrt, oder besser wie in Ps. 53, V. 6 zu lesen, Judäa belagert, darauf passt der Satz אלהים פזר עצמות חנך „Gott zerstreut die Gebeine dessen, der dich belagert." Der Dichter jagt ihm mit Beziehung auf die Zukunft durch Gottes Hilfe Schrecken ein, siehe V. 5 hier, V. 6 im Ps. 53. So kommt es denn, dass die meisten Erklärer den נבל je nach ihrer Auffassung kennzeichnen. Es bezeichnet nämlich Hitzig, welcher den Propheten Jeremia für den Dichter hält, den König Sancherib für den Ruchlosen. Ohlshansen meint, es sei Antiochus Epiphanes oder auch ein syrischer Feldherr wie Lysias oder Nikanor oder auch ein scythischer Häuptling. Aus all dem geht hervor, dass die beiden Psalmen durchaus keine liturgischen sind. Man könnte noch hinzufügen, dass die Reflexion, die Anlage, sowie das Schlusswort מי יתן מציון, das gar nicht mit dem Vorhergehenden im Zusammenhange steht, dies erhärtet.

Psalm 16.

טו מכתם לדוד שמרני אל כי־חסיתי בך : אמרת ליהוה
אדני אתה טובתי בל־עליך : לקדושים אשר־בארץ המה
ואדירי כל־חפצי בם : ירבו עצבותם אחר מהרו בל־אסיך
נסכיהם מדם ובל־אשא את־שמותם על־שפתי : יהוה מנת־
חלקי־וכוסי אתה תומיך גורלי : הבלים נפלו־לי בנעימם
אף־נהלת שפרה עלי : אברך את־יהוה אשר יעצני אף־
לילות יסרוני כליותי : שויתי יהוה לנגדי תמיד כי מימיני
בל אמוט. לכן שמח לבי ויגל כבודי אף בשרי ישכן
לבטח : כי לא־תעזב נפשי לשאול לא־תתן חסידך לראות
שחת : תודיעני ארח חיים שבע שמחות את־פניך נעימות
בימינך נצח :

Dieser schwierige, sprachlich wie inhaltlich vielfach räthselhafte Psalm ist nach unserem Dafürhalten ebenfalls kein liturgischer. Denn abgesehen davon, dass der Dichter zu

sehr von sich selbst redet, dass keine nationalen Beziehungen
darin zu finden, dass der Psalm voller Reflexionen ist, dass
die Sprache keine für den liturgischen Gesang bestimmte zu
sein scheint, wird aus dem Inhalte desselben sich unsere
Vermutung auf das Klarste erweisen. Der Dichter will den
in Palästina lebenden Frommen sein Vertrauen auf Gott
auch in den bösesten Notlagen ans Herz legen. Er widerrät
ihnen für die schlimmen Zeiten den Abfall von Gott und
das Erwählen fremder Götzen als das grösste Übel. Er
spricht V. 2 : „Ich sage, ausser Gott giebt's für mich kein
Heil, אמרתי statt אמרת,בל עליך so wie בלעדיך. Das sage
Ich aber nicht nur zu Gott, sondern auch zu den Frommen
לקדושים אשר בארץ המה V. 3. Warum muss er das zu den
Heiligen des Landes sagen? Weil er vernimmt, dass viele
„Mächtige, an denen er sonst Wohlgefallen hat" כל חפצי בם
ואדירי — mit dem „Anwachsen ihrer grossen Leiden von Gott
abfallen". — ירבו עצבותם אחר מהרו. Ihnen sagt er nun : „Ich mag
nicht ihre Trankopfer von Blut, ich mag nimmer ihre Namen
auf meinen Lippen tragen." בל אסיך נסכיהם מדם, denn „Gott ist
mein Anteil, mein Kelch, der meine Lose festhält" V. 5. Und
nun wird uns das Rätselhafte der folgenden Sätze einigermassen klar. חבלים נפלו לי בנעימים „Fallen mir in mein an-
genehmes Los auch Schmerzen zu — אף נחלת שפרה עלי auch
drückende Fesseln sind mir hold." Vergl. Ps. 18, 5 חבלי מות
neben ונחלי בליעל, so könnte auch hier das schwierige נחלת
neben חבלים in der Bedeutung Fesseln, drückende Bande ge-
nommen werden. (נחלת in der poetischen Form gleich עזרת,
זמרת) Denn V. 7 אברך את ה' אשר יעצני „ich lobe Gott, der mich
auch durch Schmerzen berät. Nicht nur helle Tage, אף לילות,
auch trübe, dunkle Nächte erziehen mein Inneres." Was
also thut noth? Dass wir uns Gott nicht nur im Glücke,
sondern תמיד stets vorstellen. Denn wenn wir dieses thun
בל אמוט, „wanke ich nicht" d. h. selbst wenn Wanken an der
Zeit wäre. Dieser Gedanke stimmt mich froh V. 9 לכן שמח לבי.
„Denn mein Leib sowohl als mein Geist, sie werden nicht
unterliegen." אף בשרי ישכן לבטח und V. 10 לא תעזב נפשי לשאול,
und „habe ich in diesem Leben vielfältig zu leiden, Gott
weist mir in der Zukunft Freudenfülle und Seligkeit zu".

שבע שמחות את פניך u. s. w. Es ist also ein individueller, reflexiv
angelegter Psalm, gerichtet an die Schwankenden und Abtrünnigen in unglücklicher Zeit.

Psalm 17.

תפלה לדוד שמעה יהוה צדק הקשיבה רנתי האזינה
תפלתי בלא שפתי מרמה: מלפניך משפטי יצא עיניך
תחזינה מישרים: בחנת לבי פקרת לילה צרפתני בל־תמצא
זמתי בל־יעבר פי: לפעלות אדם בדבר שפתיך אני שמרתי
ארחות פריץ: תמך אשרי במעגלותיך בל־נמוטו פעמי:
אני־קראתיך כי־תענני אל־הט אזנך לי שמע אמרתי:
הפלה חסדיך מושיע חוסים ממתקוממים בימינך: שמרני
כאישון בת־עין בצל כנפיך תסתירני: מפני רשעים זו
שדוני אויבי בנפש יקיפו עלי: חלבמו סגרו פימו דברו
בגאות: אשרנו עתה סבבונו עיניהם ישיתו לנטות בארץ:
דמיונו כאריה יכסוף לטרף וככפיר ישב במסתרים: קומה
יהוה קדמה פניו הכריעהו פלטה נפשי מרשע חרבך:
ממתים־ידך יהוה ממתים מחלד חלקם בחיים וצפונך תמלא
בטנם ישבעו בנים והניחו יתרם לעולליהם: אני בצדק
אחזה פניך אשבעה בהקיץ תמונתך:

In diesem ebenfalls zu Reflexionen sich hinneigenden
Gedichte, das wohl von רשעים, welche den Sänger umgeben,
von Aufständischen מתקוממים spricht, gegen welche Gott angerufen wird, ist an eine für die Liturgie bestimmte Dichtung
kaum zu denken. Denn es findet sich auch nicht ein Moment,
welches den eingangs angeführten Kriterien für ursprüngliche
Gemeindegebete entspräche. Auch der Einzelne hat Feinde,
welche seine Seele umringen, deren Lippen hochmütig reden,
die sich nach Raub sehnen wie der Löwe V. 12 כאריה יכסוף
לטרף und gegen die er Gott, freilich mit einem ihm geläufigen, der Gemeindeandacht entnommenen Worte anruft:
קומה ה׳ dass er ihnen zuvorkomme." Der sehr schwierige
14. Vers ידך הימתים מחלד will uns bedünken, handelt von
Kindern der Welt. Das sind eben die רשעים, die Feinde des
Dichters, die nach Gott nicht fragen, sondern ihr Theil am
Leben haben wollen. Ihr grösstes Glück ist, dass sie ihren
Leib füllen, ihre Kinder sättigen und ihnen Vermögen hinter-
lassen. So bezieht sich denn V. 14 auf den Schluss von
V. 13. פלטה נפשי מרשע חרבך „Rette meine Seele durch dein
Schwert von dem Frevler, welcher zu jenen ממתים gehört, die
sich um das ewige Heil nicht kümmern." Doch „ich V. 15
אני בצדק אחזה פניך — meine Sehnsucht ist, Gottes Angesicht

zu schauen; meine Sättigung אשבעה בהקיץ תמונתך ist im Erwachen Gottes Gestalt zu schauen." Das unklare ירך חי in V. 14 dünkt mich dasselbe wie חרבך und heisst: „Durch dein Schwert oder durch deine Gewalt Ewiger rette mich vom רשע, der zu jenen Weltkindern מתים gehört.

Psalm 18.

יח למנצח לעבד יהוה לדוד אשר דבר ליהוה את־
דברי השירה הזאת ביום הציל יהוה אותו מכף כל־
אויביו ומיד שאול : ויאמר ארחמך יהוה חזקי : יהוה סלעי
ומצודתי ומפלטי אלי צורי אהסה־בו מגני קרן ישעי
משגבי : מהלל אקרא יהוה ומן־איבי אושע : אפפוני חבלי־
מות ונחלי בליעל יבעתוני : הבלי שאול סבבוני קדמוני
מוקשי מות : בצר־לי אקרא יהוה ואל־אלהי אשוע ושמע
מהיכלו קולי ושועתי לפניו תבא באזניו : ותגעש ותרעש
הארץ ומוסדי הרים ירגזו ויתגעשו כי־חרה לו : עלה עשן
באפו ואש מפיו תאכל נחלים בערו ממנו : ויט שמים וירד
וערפל תחת רגליו : וירכב על כרוב ויעף וידא על־כנפי
רוח : ישת חשך סתרו סביבותיו סכתו חשכת־מים עבי
שחקים : מנגה נגדו עביו עברו ברד ונחלי־אש : וירעם
בשמים יהוה ועליון יתן קולו ברד ונחלי־אש : וישלח חציו
ויפיצם וברקם רב ויהמם : ויראו אפיקי מים ויגלו מוסדית
תבל מגערתך יהוה מנשמת רוח אפך : ישלח ממרום יקחני
ימשני ממים רבום : יצילנו מאיבי עז ומשנאי כי־אמצו ממני :
יקדמוני ביום־אידי ויהי־יהוה למשען לי : ויוציאני למרחב
יחלצני כי חפץ בי : יגמלני יהוה כצדקי כבר ידי ישיב לי :
כי־שמרתי דרכי יהוה ולא רשעתי מאלהי : כי כל־משפטיו
לנגדי וחקתיו לא־אסיר מני : ואהי תמים עמו ואשתמר
מעוני : וישב־יהוה לי כצדקי כבר ידי לנגד עיניו : עם החסיד
תתחסד עם־גבר תמים תתמם : עם־נבר תתברר ועם עקש
תתפתל : כי־אתה עם־עני תושיע ועינים רמות תשפיל : כי־
אתה תאיר נרי יהוה אלהי יניה השכי : כי בך ארץ גדוד
ובאלהי אדלג־שור : האל תמים דרכו אמרת־יהוה צרופה מגן
הוא לכל החוסים בו : כי מי אלוה מבלעדי יהוה ומי צור
זולתי אלהינו : האל המאזרני היל ויתן תמים דרכי : משוה
רגלי כאילות ועל במותי יעמידני : מלמד ידי למלחמה
ונחתה קשת־נחושה זרועתי : ותתן־לי מגן ישעך וימינך
תסעדני וענותך תרבני : תרחיב צעדי תחתי ולא מעדו
קרסלי : ארדוף אויבי ואשיגם ולא־אשוב עד־כלותם : אמחצם
ולא־יכלו קום יפלו תחת רגלי : ותאזרני חיל למלחמה
תכריע קמי תלתי : ואיבי נתת לי ערף ומשנאי אצמיתם :
ישועו ואין משיע על־יהוה ולא ענם : ואשחקם כעפר על־
פני־רוח כטיט חוצות אריקם : תפלטני מריבי עם תשיתני
לראש גוים עם לא ידעתי יעבדוני : לשמע אזן ישמעו לי
בני נבר יכחשו־לי : בני־נבר יבלו ויהרגו ממסנרותיהם :
חי־יהוה וברוך צורי וירום אלהי ישעי : האל הנותן נקמית
לי ודבר עמום תחתי : מפלטי מאיבי אף מן־קמי תרוממנ
מאיש חמס תצילני : על־כן אודך בגוים יהוה ולשמך
אזמרה : מגדיל ישועות מלכו ועשה הסד למשיחו לדוד
ולזרעו עד עולם :

Hier erscheint als Redender ein israelitischer König, der mächtig war und seine Feinde unterwarf. Das Gedicht

3

befindet sich bereits im zweiten Buche Samuel und führt eingangs mit Fug ein Ereignis von der Errettung des israelitischen
Königs aus der Hand seiner Feinde an. Das in V. 7 מהיכלו
ישמע „er hört von seinem Tempel meine Stimme," wollen
Einige auf die Zeit nach David, als ein Tempel stand, beziehen. Allein die ganze Anlage von V. 8, 9, 10, 11, wo es
sich um den Himmel handelt und um die Erscheinungen im
Universum, lässt היכלו im Zusammenhange hier, geeigneter in
der Bedeutung von Himmel zu. Auch der Schluss, wenn er
nicht von späterer Hand eingeschoben, passt in die Davidische
Zeit vorzüglich: מגדל ישועות מלכו. Es ist also kein ursprünglich liturgischer Psalm.

Psalm 19.

יט למנצח מזמור לדוד השמים מספרים כבוד אל ומעשי
ידיו מגיד הרקיע: יום ליום יביע אמר ולילה ללילה יחוה
דעת: אין־אמר ואין דברים בלי נשמע קולם: בכל־הארץ
יצא קום ובקצה תבל מליהם לשמש שם־אהל בהם: והוא
כחתן יצא מחפתו ישיש כגבור לרוץ ארח: מקצה השמים
מוצאו ותקופתו על־קצותם ואין נסתר מחמתו: תורת יהוה
תמימה משיבת נפש עדות יהוה נאמנה מחכימת פתי:
פקודי יהוה ישרים משמחי־לב מצות יהוה ברה מאירת
עינים: יראת יהוה טהורה עומדת לעד משפטי־יהוה אמת
צדקו יחדו: הנחמדים מזהב ומפז רב ומתוקים מדבש
ונפת צופים: גם־עבדך נזהר בהם בשמרם עקב רב:
שגיאות מי יבין מנסתרות נקני: גם מזדים חשך עבד־י
ימשלו־בי אז איתם ונקתי מפשע רב: יהיו לרצון אמר־פי
והגיון לבי לפניך יהוה צורי וגאלי:

In diesem unverkennbar aus zwei Theilen zusammen-
gesetzten Gedichte, aus einer Naturhymne V. 2—7 aus
einem Religionspreise V. 8—11, und wenn man will, auch noch
aus einem rein individuellen Theil V. 12—15, der aber in fast
gar keinem Zusammenhange mit den beiden ersten steht, ist
es sehr schwer, sich zurecht zu finden. Es scheinen Frag-
mente von zwei einzelnen Psalmen zu sein, die im Original
als Gebet der Gesammtgemeinde gelten könnten. Die wunder-
bare Idee, Gottes Schöpfung als poetischen Ruhmverkünder
des göttlichen Waltens zu schauen, „die Himmel rühmen"
u. s. w., der wir schon in Ps. 8 Ausdruck gegeben haben,
in Verbindung zu bringen mit תורת ה, die um so mehr Gottes
Ehre verkündet, die noch in erhöhterem Masse als die Natur

den Menschen bildet, mochten den Bearbeiter zur Com-
position der beiden Stücke den ersten Impuls gegeben haben,
so dass er zuletzt das Universelle der beiden, insbesondere
das Postulat des letzteren auf sein eigenes Ich wirken lässt,
נם עבדך נזהר בהם d. h. um vollkommen zu werden, איתם, sich
vor den Übertretungen der Gottesverordnungen hüten will.
Darauf passt die Frage שגיאות מי יבין „das Irrtümliche, wer
begreift es, wie der Wunsch: מזדים = מזדונים, die absichtliche
Übertretung von sich ferne zu halten. Der Schlusssatz oder
das Gebet, „die Worte seines Mundes mögen vor Gott wohl
gefällig sein", wobei er Gott als צור und גואל also etwas
national gefärbt bezeichnet, lässt sich aus der den Frommen
geläufigen Jesajanischen Redensart ונואלו צור ישראל hier um so
eher auf den Beter עבדך selbst anwenden, als er ja ursprünglich die die ganze Gemeinde beschäftigende Idee des
Festhaltens am mosaischen Gesetze behandelt. Es ist also
nach unserem Dafürhalten e in a u f G r u n d d e r R e f l e x i o n
über Natur und Gotteslehre bearbeiteter In-
dividualpsalm, der aber wie kaum Andere von blei-
bendem Werte für die Gesammtheit der jüdischen Gemeinde
gelten darf, um so mehr, als die zwei Haupttheile als
liturgische Originale anzusehen sind.

Psalm 20.

ב לפנצח מזמור לדוד : יענך יהוה ביום צרה ישגבך שם
אלהי יעקב : ישלח-עזרך מקדש וטציון יסעדך : יזכר כל-
מנחתיך ועולתך ידשנה סלה: יתן-לך כלבבך וכל-עצתך
יטלא: נרננה בישועתך ובשם-אלהינו נדגל יטלא יהוה
כל-מטשאלותיך : עתה ידעתי כי הושיע יהוה משיחו יענהו
משמי קדשו בנבורות ישע ימינו : אלה ברכב ואלה בסוסים
ואנחנו בשם-יהוה אלהינו נזכיר : המה כרעו ונפלו ואנחנו
קמנו ונתעודד : יהוה הושיעה המלך יעננו ביום-קראנו :

Von vorn herein könnte man von einem Ichpsalm hier
absehen. Denn es steht nur ein einziges Ich in demselben
V. 7. עתה ידעתי, während fast die meisten Sprechenden im
Plural gegeben sind. נרננה V. 6, ואנחנו V. 8 und 9 יעננו V. 10.
Dennoch scheint uns geboten, hier gerade das Aufgehen des
einen Ich in das viele W i r zu beachten. Dieser Psalm zeigt
seine nationale Beziehung in dreifacher Weise V. 3 „Gott

sende seine Hilfe vom Heiligtume und von Zion erquicke
er dich." Das Heiligtum zu Zion steht also. Zweitens: Gott
gedenke deiner Opfer מנחתיך ועולתיך. Drittens: Zion hat einen
König הושיע ה׳ משיחו, der ferner die Gemeinde Israels umgeben sieht von Völkern, die sich auf Wagen und Rosse
stützen V. 8 אלה ברכב ואלה בסוסים, während sie sich tröstet mit
dem Gedanken: ואנחנו בשם ה׳ אלהינו נזכיר und noch mehr mit der
echt jüdischen Zuversicht V. 9: sie fallen, und wir stehen
auf, und endlich des in der Mitte V. 4 stehende סלה, sowie
der alle Psalmgedanken so herrlich abschliessende V. 10,
welcher nicht ein späterer Zusatz sein kann, weil der vorige
keinen Abschluss giebt, und weil er ja ganz dasselbe sagt
wie der zweite יענך ה׳ . . . . . . יעננו ביום קראנו. Das עתה ידעתי „jetzt
weiss ich", spricht also die Gemeinde Israels. Freilich
könnte man die 4 ersten Wunschsätze ישלח, יענך, יתן, יזכר mit
grösserer Vorliebe auf einen einzelnen Dichter, der dies der
Gesammtheit wünscht, leicht beziehen. Allein ist es denn
nicht denkbar, dass diese ersten vier Sätze als ein Priester-
oder Levitenchorus, das folgende נרננה wieder als eine Responsorie der Gemeinde gelten könnten? — Dieses von jeher
für den liturgischen Gebrauch bestimmte Gedicht kann indess
auch als eine Fürbitte der Gemeinde für einen
König gelten, der besonderen göttlichen Schutzes bedarf,
worauf auch ביום צרה hinweist. (Anmerkung: Dieser von vielen
Erklärern adoptierte Gedanke liesse Psalm 21 — an sich
kein Ichpsalm — als Fortsetzung unseres Psalms
erscheinen. Er enthält nämlich einen Dank der Gemeinde
Israels nach errungenem Siege seines Königs. Nur will
es uns bedünken, dass die Bezeichnung eines Siegesliedes
durchaus nicht passt. Denn V. 9—13 ist von einem bevor-
stehenden Kampfe noch die Rede. Wenn die Gemeinde
Israels sich des errungenen Sieges freut V. 2, von der Erfüllung der Königswünsche redet, V. 3, von den Errungen-
schaften, wie da sind ברכות טוב und eine goldne Krone V. 4,
ferner von strotzender Lebenskraft V. 5, Glanz und Hoheit
u. s. w. V. 6, so mochte wohl auch, wie das bei Festgebeten
in unserer Zeit der Fall ist, des Königs Eigenschaft des
Gottvertrauens hervorgehoben werden V. 8, und darau sich

der Wunsch knüpfen, dass auch in der Zukunft alle
seine Feinde von ihm vernichtet werden, V. 9—13 und
Alle zum Schlusse sich wohl wie zum Chorus vereinigen,
dass durch diesen Sieg, dessen sich der König freut בשועתך
V. 2, Gott sich als hoch erhoben offenbart und allesamt
diese erhabene Majestät Gottes besingen. רומה ה' בעזך נשירה
ונזמרה גבורתך‎ Auch das in der Mitte stehende Wort סלה V. 3,
sowie die schöne poetische Sprache bei viermaliger Anwen-
dung des Suffix מו neben הו .... weisen auf die Abfassung
zum liturgischen Zwecke wie Ps. 20, der hier in Betracht kommt, hin.)

Psalm 22.

כב למנצח על־אילת השחר מזמור לדוד : אלי אלי למה
עזבתגי רחוק מישועתי דברי שאגתי אלהי אקרא יומם ולא
תענה ולילה ולא־דומיה לי : ואתה קדוש יושב תהלות
ישראל : בך בטחו אבותינו בטחו ותפלטמו : אליך זעקו
ונמלטו בך בטחו ולא־בושו : ואנכי תולעת ולא־איש
חרפת אדם ובזוי עם : כל־ראי ילעיגו לי יפטירו בשפה
יניעו ראש : גל אל־יהוה יפלטהו יצילהו כי חפץ
בו : כי אתה גחי מבטן מבטיחי על־שדי־אמי : עליך
השלכתי מרחם מבטן אמי אלי אתה : אל־תרחק ממני כי־
צרה קרובה כי־אין עוזר : סבבוני פרים רבים אבירי כשן
כתרוני : פצו עלי פיהם אריה שרף ושאג : כמים נשפכתי
והתפרדו כל־עצמותי היה לבי כדונג נמס בתוך מעי :
יבש כהרש כחי ולשוני מדבק מלקוחי ולעפר־מות תשפתני :
כי סבבוני כלבים עדת מרעים הקיפוני כארי ידי ורגלי :
אספר כל־עצמותי המה יביטו יראו־בי : יחלקו בגדי להם
ועל־לבושי יפילו גורל : ואתה יהוה אל־תרחק אילותי
לעזרתי חושה : הצילה מחרב נפשי מיד כלב יהידתי :
הושיעני מפי אריה ומקרני רמים עניתני : אספרה שמך לאחי
בתוך קהל אהללך : יראי יהוה הללוהו כל־זרע יעקב
כברוהו וגורו ממנו כל־זרע ישראל : כי לא־בזה ולא שקץ
ענות עני ולא־הסתיר פניו ממנו ובשועו אליו שמע : מאתך
תהלתי בקהל רב נדרי אשלם נגד יראיו : יאכלו ענוים
וישבעו יהללו יהוה דרשיו יחי לבבכם לעד : יזכרו וישבו
אל־יהוה כל־אפסי־ארץ וישתחוו לפניך כל־משפחות גוים :
כי ליהוה המלוכה ומושל בגוים : אכלו וישתחוו כל־דשני־
ארץ לפניו יכרעו כל־יורדי עפר ונפשי לא חיה : זרע
יעבדנו יספר לאדני לדור : יבאו ויגידו צדקתו לעם נולד
כי עשה

Dieser von Ewald richtig in drei passende Wendungen
eingetheilte Psalm, nämlich V. 2—12, 13—22 und 23—32
enthält Bitte und Klage eines frommen Dichters, welcher mit
den übrigen Frommen Israels schwere Heimsuchungen erleidet. Wenn man geneigt wäre manche nationale Beziehungen, wie z. B. V. 4 תהלות ישראל oder V. 7 אנכי תלעת

wobei an das Jesajanische תלעת יעקב zu denken wäre, oder
V. 24 כל זרע יעקב כבדוהו, sowie die messianischen Schlusssätze, darunter כי לה' המלוכה V. 29, herauszulesen, so möchte es
uns dennoch bedünken, dass eine ursprüngliche liturgische
Bestimmung hierin fehlt. Denn der fromme Dichter spricht
im allgemeinen von seinem Ich. Eine Gesammtheit würde
kaum sagen „ich bin ein Wurm und kein Mann"; oder „du
bist meine Zuversicht vom Mutterleibe". Eine Gesamtheit
ferner dürfte kaum sprechen V. 23 אספרה שמך לאחי „ich will
deinen Namen verkünden meinen Brüdern;" und ebenso
die Fortsetzung אהללך בתוך קהל, „in der Mitte der Gemeinde will ich dich loben." Der angeführte V. 4 „Du bist
der Heilige, der da hoch thront über den Lobgesängen Israels,
ebenso wie das vorhergehende: „Dir vertrauten unsere Väter
und durch ihr Flehen wurden sie gerettet" nimmt sich in
dem Munde eines Tag und Nacht Gott anrufenden und nicht
erhörten Beters keineswegs wunderlich aus. Dass der Dichter
ferne von der Gemeinde Israels weilt, beweist, wie der Anfang es andeutet אלי אלי למה עזבתני V. 2 auch sein Wunsch,
„dass er in der Gemeinde Gott loben" wolle. Und die Zu-
rufe an die Gemeinde — der dritte Theil nach Ewald —
scheinen nichts weiter als die Art zu kennzeichnen, wie er
Gottes Namen in der Versammlung preisen wolle. So lautet
V. 24: „Ihr Gottesfürchtigen und ihr Nachkommen Jacobs
verehret ihn, denn Gott verachtet nicht die Zerknirschten
und Armen, und bis er die Anrufe hört, ehret ihn." Er sagt
weiter: „Von dir hängt es ab, ob ich meinen Lobhymnus
anstimme in grosser Versammlung בקהל רב, wo ich in die Lage
komme, meine Gelübde vor den Gottesverehrern zu bezahlen." Das Lob klingt aus in Tönen der Zuversicht: „Die
Bescheidenen, die wohl in der Zeit der Bedrängnis ge-
hungert, und völlig verzagt waren, יאכלו ענוים וישבעו, deren
Herz soll wieder aufleben לעד יחי לבבכם לעד." Und immer weiter
dringt des Dichters Blick. Es folgt die messianische Weis-
sagung: „dass alle Enden der Erde und alle Völkerfamilien
ihn anbeten werden, denn ihm gehört die Regierung über
Alle." V. 28, 29. „Sowohl die Fetten der Erde דשני ארץ als
auch die im Staube schreiten יורדי עפר und die sich nicht

erhalten konnten, ‏ונפשו לא חיה‏, d. h. Hohe und Niedrige werden
dann Gott dienen, und nicht allein das, sie werden auch
den kommenden Geschlechtern, ‏לעם נולד‏, von Gottes Wunderthaten erzählen." Das ist es eben, was der Dichter, ‏בתוך קהל‏,
künden möchte.

Psalm 23.

‏בג מזמור לדוד יהוה רעי לא אחסר: בנאות דשא ורביצני‏
‏על־מי מנחות ינהלני: נפשי ישובב ינחני במעגלי־צדק‏
‏למען שמו: גם כי־אלך בגיא צלמות לא־אירע רע כי־‏
‏אתה עמדי שבטך ומשענתך המה ינחמני: תערך לפני‏
‏שלחן נגד צוררי דשנת בשמן ראשי כוסי רויה: אך טוב‏
‏וחסד ירדפוני כל־ימי חיי ושבתי בבית־יהוה לארך ימים:‏

In diesem strophischen Gedichte — je 3 Verse in
2 Strophen — wollen die meisten Erklärer ein für den
Gottesdienst geschaffenes Poëm erblicken, indem sie meinen.
‏היrעי‏ „Gott ist mein Hirte" könnte nicht ein Individuum,
sondern die Heerde, d. i. die Gemeinde Israels sprechen.
Auch ist die Freude an Gottes Heiligtum, Vs. 6. ‏ושבתי בבית ה׳‏
etwas, was diese These stützen würde. Allein, es will uns
scheinen, dass es eher ein Gelegenheitspsalm ist.
Der Dichter ist wohl ein Heerführer, der sich und
seine Krieger durch einen lang empfundenen Mangel an
einem nunmehr zuströmenden Ueberfluss an Lebensmitteln
stärkt; er weist hin auf ‏תערך לפני שלחן‏, „einen Tisch, den
Gott ihm ordnet", ‏נגד צררי‏, „im Angesichte seiner Feinde".
Der Ueberfluss an Speise und Trank — ‏כוסי רויה‏ — findet
hier ein dankbares Herz, und der Wonneblick auf ‏טוב וחסד‏,
welches ihm auch für die Folge erwünscht wäre, hat seinen
Abschluss in dem Versprechen : „er werde in Gotteshaus
ewiglich sitzen oder weilen" d. h. Gott Dankgebete zollen. Auch
die ‏מי מנוחת‏, von denen oben die Rede gewesen, weisen auf
ein Gegentheil des Erlebten hin, nämlich den Ansturm feind-
licher Strömungen. Desgleichen besagt die „Erquickung" V. 3,
‏נפשי ישובב‏, sowie in V. 4, das dem Dichter bekannte ‏גי צלמות‏, in
welchem der Gedanke an Gottes Stab und Stütze seine Tröstung
ist: All das scheint ursprünglich individuell und in
Beziehung auf die erwähnten Ereignisse ausgesprochen zu sein.

34

Psalm 25.

כה לדוד אליך יהוה נפשי אשא: אלהי בך בטחתי אל־
אבושה אל־יעלצו אויבי לי: גם כל־קויך לא־יבושו יבשו
הבוגדים ריקם דרכיך יהוה הודיעני ארחותיך למדני:
הדריכני באמתך ולמדני כי אתה אלהי ישעי אותך קויתי
כל־היום: זכר רחמיך יהוה וחסדיך כי מעולם המה:
חטאת נעורי ומשעי אל־תזכר כחסדך זכר־לי אתה למען
טובך יהוה: טוב וישר יהוה על־כן יורה חטאים בדרך:
ידרך ענוים במשפט וילמד ענוים דרכו: כל־ארחות יהוה
חסד ואמת לנצרי בריתו ועדתיו: למען־שמך יהוה וסלחת
לעוני כי רב הוא: מי־זה האיש ירא יהוה יורנו בדרך
יבחר: נפשו בטוב תלין וזרעו יירש ארץ: סוד יהוה
ליראיו ובריתו להודיעם: עיני תמיד אל־יהוה כי־הוא
יוציא מרשת רגלי: פנה־אלי וחנני כי־יחיד ועני אני:
צרות לבבי הרחיבו ממצוקותי הוציאני: ראה־עניי ועמלי
ושא לכל חטאתי: ראה איבי כי־רבו ושנאת חמס שנאוני:
שמרה נפשי והצילני אל־אבוש כי חסיתי בך: תם וישר
יצרוני כי־קויתיך: פדה אלהים את־ישראל מכל צרותיו:

Das Gedicht ist ein Alphabethpsalm, freilich etwas gestört, so dass in V. 2 בך אלהי – א und ב vertreten ist und im letzten (22.) Satze wahrscheinlich ein Epiphonem פדה אלהים wobei ein פ wiederkehrt. Vielleicht ist in V. 5 הדריכני und zugleich auch ולמדני ו vertreten, weil ein besonderer ו-Satz nicht vorkommt. Alphabethische Psalmen scheinen im Allgemeinen für den gottesdienstlichen Gebrauch bestimmt gewesen zu sein. Und wenn in der That auch nicht besondere nationale Hinweise hier zu finden sind, scheint es doch als ob der Dichter beständig das Volk Israel vor Augen hätte. Die Art und Weise, wie von dem Feinde, V. 2, und wie wieder von den Israeliten die Rede ist, כל קויך לא יבשו V. 3; dann dass Gott die Jugendsünden um Gottes Güte willen vergesse V. 7, dass er die Sünder den rechten Weg führt", und ganz besonders V. 10, לנצרי בריתו ועדתיו, dass „Gottes Wege Liebe und Wahrheit bedeuten, für die, welche s e i n e n B u n d halten u. s. w.", weist darauf hin, dass der Bearbeiter oder spätere Sammler nicht ohne Geschick diesem l i t u r- g i s c h e n Gebete angefügt: „Erlöse, Gott, Israel von allen seinen Leiden!"

Psalm 26.

Dieses Gedicht, welches einige Ausleger — als in Folge einer überstandenen Todesstrafe — von einem Dichter verfasst ansehen, welcher nicht wünscht „mit den Sündern dahingerafft zu werden", V. 9 אל תאסף עם חטאים נפשי, ist i n d i v i d u e l l. Der Dichter spricht von seiner Unschuld, von seiner Selbstprüfung, davon, dass er die Gesellschaft Böser mied, und dass er, wenn Gott ihn richtet und zwar nach Gerechtigkeit zum Guten — er habe ja das Böse nicht verdient —, den Dank dafür bringen werde. V. 6. אסבבה את מזבחך ה Wozu will er Gottes Altäre umringen? לשמיע בקול תודה V. 7. Er spricht von seiner unendlichen Liebe zum Gotteshause מעון ביתך אהבתי und verspricht, dass „wenn sein Fuss auf ebenem Boden stehen werde", d. h. nicht werde weggerafft werden, er dann Gott in der Versammlung preisen werde." רגלי עמדה במישור במקהלים אברך ה׳

Psalm 27.

Dieses aus zwei verschiedenen Bestandtheilen, V. 1—6 und 7—14 zusammengesetzte Poëm, dass zuerst Hoffnung und dann Wunsch ausspricht, ist ein Bittpsalm i n d i v i d u e l l e r Natur. Wohl finden sich Andeutungen auf das Heiligthum V. 4 und 5; wohl könnten die vielgenannten Feinde und Gewalttäter in Beziehung stehen zu der Gemeinde Israels; wohl ist auch der Schluss V. 14, freilich ein später hinzu gekommenes Nachwort, für die Gemeinde Israels geschrieben: dennoch trägt das Ganze ein zu sehr p e r s ö n - l i c h e s Gepräge, als dass es von v o r n h e r e i n als Gemeindepsalm gälte. Der von Feinden umgebene, sich zum Kampfe rüstende D i c h t e r fürchtet nichts angesichts Gottes, der sein Licht und sein Heil ist — ממי אירא ממי אפחד —. Mag auch ein Kriegslager מחנה über ihn kommen, oder eine Schlacht מלחמה ihm begegnen : er wünscht und hofft, dass er in Gottes Tempel weilen, beten und Jubelopfer bringen werde. Auch das im zweiten Teile ausgesprochene עזרתי,עבדך היית V. 9 ist ein Beweis für die ursprüngliche Einzahl des Betenden, dem Gott bis jetzt geholfen, und der da auf Gottes

Hilfe weiter hofft. Er scheint „v a t e r - und m u t t e r l o s"
gewesen zu sein V. 10: כי אבי ואמי עזבוני und wünscht daher,
dass er in Ermangelung seiner Erzieher in Gott seinen
Führer fürder schaue V. 11 הורני ה' דרכך. Das im 13. V.
schwierige לולא האמנתי heisst : „wenn ich nicht glaubte, d. h.
das Vertrauen nährte, zu schauen die Güte des Herrn, —
wäre ich ganz verloren." Dieser Nachsatz fehlt und ist zu
ergänzen, wie wir solcher Elipsen etliche in der heiligen
Schrift finden. (Vgl. Exod. 32³²).

Psalm 28.

Auch dieses Gedicht besteht aus zwei Teilen. Aus
einer Bitte und einem Danke. V. 1—5 und V. 6—9. Auch
dieses wäre man geneigt mit Ewald als individuell zu bezeichnen, wonach der Dichter v o r einer Gefahr betet und
n a c h überstandener Gefahr dankt. Allein gewisse aus dem
Psalm sich ergebende Thatsachen lassen vermuthen, dass er,
wie Ohlshausen richtig bemerkt, l i t u r g i s c h e n Be-
stimmungen diente. Der Dichter schreibt für die Gemeinde,
welche singen soll, was sie erfahren, wie sie früher gefleht,
und wie sie nach Erhörung gedankt. Die besonderen Momente, die diese Vermuthung stützen, sind folgende : Zunächst
in V. 2 בנשאי ידי אל דביר קדשך „wenn ich meine Hände erhebe zu Deiner heiligen Stätte ;" das kann doch nur heissen
im Tempel. Ferner redet der Psalmist von רשעים und מעלי און,
welche friedlich reden und Böses sinnen. Mag dieses auf
irgend ein Ereignis zurückzuführen sein, die Art, wie der
Dichter seinen Gefühlen Luft macht — in V. 4 „vergilt ihnen
nach der Schlechtigkeit ihrer Handlungen" השב גמולם להם —
giebt so recht die Stimmung der Gesamtheit Israels in dem
Augenblicke schmerzreicher Erlebnisse, wie dies aus so manchen
anderen Psalmen hervorgeht. Ferner das in V. 7 ומשירי אהודנו
„mit meinem Liede danke ich ihm" d. h. mit einem Lobe,
das aus meinem Liede fliesst, ist als ob die Gemeinde als solche
einen G e s a n g anstimmen möchte. Denn ein Einzelner singt
kein שיר. Dazu kommt ganz besonders V. 8 ה'עו למו ומעוז
ישועות משיחו הוא, wo ohne Zweifel למו für לעמו zu lesen ist. „Gott

giebt seinem Volke Macht und er ist die Heilsburg seines Gesalbten," was vortrefflich zu der Beseitigung der Gefahr passt und durchaus kein Epiphonema ist; wie auch V. 9 הושיעה את עמך וברך את נחלתך der ganzen Anlage des Psalms sich gut einreiht, in welchem Bitte und Dank, Dank und Bitte regelmässig aufeinander folgen. Es ist also ein gesalbter König, der im Vereine mit der Gemeinde Israels ohne Zweifel im Tempel Gottes betet, und das Gedicht ist für diesen Zweck bestimmt.

Psalm 30.

Dieses שיר חנכת הבית wird dem David zugeschrieben, wahrscheinlich wegen V. 12 הפכת מספדי למחול, weil nach Samuel II 6, 14 David bei dem Einbringen der Bundeslade zu Jerusalem getanzt hat. Allein es als ein Lied der Tempel-weihe zu bezeichnen, fehlt der Untergrund. Der Dichter redet von Errettung aus Elend V. 2, von Heilung aus Krankheit V. 3 und 4. Er spricht weiter, Gott hätte nach seinem Willen seinem Berge Macht verliehen. Ob hier der Berg Zion gemeint ist, dürfte bei dem Mangel jeglicher nationalen Beziehung fraglich sein. Und hiesse להררי wirklich Zion, so wäre es auch nichts weiter als ein momentanes Ereigniss, bei welchem es den Feinden, die nach V. 2 nicht triumphiren konnten, לי אויבי שמחת ולא, nicht gelang, die Zions-burg einzunehmen, wozu der Nachsatz passt: „Hättest du aber dein Angesicht verhüllt, dann wäre ich wohl erschrocken," nämlich angesichts „des Nichtfeststehens meines Berges." Der Dichter ruft Gott um Hilfe an, und als er seine Trauer zur Freude umgewandelt sieht, singt er, und will, dass sein Dankessang ohne Unterlass töne. Ist also eine directe Be-ziehung auf E i n w e i h u n g e i n e s T e m p e l s ungemein schwer aus dem Psalm herauszulesen, will es uns dennoch bedünken, dass man s p ä t e r in der Gemeinde Israels allen Schmerz, alle bitteren Erfahrungen des Lebens in dieser Weise im Gotteshause zum Ausdruck gebracht hatte. Das Gedicht, welches Errettung vom Feinde, von Krankheit und Elend, dann wieder Hoffnungen auf Gott und Zuversicht für

die Zukunft ausspricht, enthält Momente conform den einzelnen Gebetteilen der Salomonischen Tempelweiherede.
Die Überschrift שיר חנוכת הבית liesse sich also in der Gemeinde des II. Tempels erklären. Aber diese Bestimmung
scheint n i c h t v o n v o r n e h e r e i n beabsichtigt gewesen
zu sein. Von vorneherein ist es der Hinweis e i n e s
D i c h t e r s auf die Thatsache, dass Gott ihn von „Krankheit und Tod errettet hat," ותרפאני ,הי העלית מן שאול נפשי, was
ihn veranlasst, zu beten, und andere ihm nahestehende
Fromme zum Gebete — ימרו להי חסידיו und zum Danke והידו — zu
veranlassen. Ursprünglich weist der Dichter auf eine erlebte
Thatsache hin פתחת שקי ותאזרני שמחה und indem er Gott anruft:
היה עור לי V. 11, schliesst er V. 13 im Ausblicke auf die
Zukunft ebenso wie er im Rückblicke auf die Vergangenheit
angefangen hat. Es ist ein I n d i v i d u a l p s a l m.

Psalm 31.

Auch dieses Gedicht, welches eine geschichtliche Ver-
anlassung zu seiner Abfassung hatte, nämlich eine glücklich
überstandene Belagerung, ist i n d i v i d u e l l. Der Dichter
spricht unumwunden aus: ברוך הי כי הפליא חסדו לי בעיר מצור „Ge-
priesen sei Gott, der mir seine Gnade wunderbar bewiesen
hat in der b e l a g e r t e n S t a d t". Es ist also eine bestimmte
Begebenheit, welche allem Anscheine nach diese Danksagung
veranlasste, freilich wieder untermischt mit einer Bitte und
zugleich Aufforderung, dass Andere hieraus einsehen lernen,
wie Gott hilft, und wie man Gott vertrauen müsse. s. V. 24.
Auch der Anfang: „Lass mich nicht zu schanden werden",
V. 2 „sei du mir zur festen Burg", V. 3, „ziehe mich aus dem
Netz" מרשת זו טמנו לי beweist, dass es eine momentane Gefahr
ist, dieses Netz, „das sich vor mir ausgebreitet hat." Auch V. 9
„Du hast mich nicht überliefert in die Hand des Feindes",
V. 10 „in Kummer graut mir Auge, Seele und Leib", V. 12
„ich bin ein Spott meinen Nachbarn, eine Angst meinen
Bekannten; V. 14 רבת רבים, „die üble Rede führen", womit
übereinstimmt V. 19 שפתי שקר הדברות על צדיק עתק. All das lässt
sich nur von einem Einzelnen, nicht aber von der Gesamt-

heit aussprechen. Das Anklingen von V. 20 מה רב טובך אשר צפנת ליראיך an eine „fromme Gemeinde" nimmt sich angesichts des felsenfesten Vertrauens des Dichters gar nicht sonderbar aus; da er sich zu den Gottesfürchtigen zählt, so hofft er, dass für ihn, so wie für alle חוסים manches Gute aufbewahrt sein wird. Ebenso die Aufforderung V. 24 אהבו את ה׳ כל חסידיו, ähnlich wie im vorigen Psalm V. 5 זמרו לה׳ חסידיו, entspricht vollkommen dem Geiste des hebräischen frommen Dichters. Der Vers 25 חזקו ויאמץ לבבכם כל המיחלים לה׳ ist zweifelsohne ein späteres Epiphonema, vielleicht auch schon, wie viele Erklärer meinen, V. 24 אהבו את ה׳

Psalm 32.

Dieser אשרי-Psalm beginnend mit אשרי „Heil dem, welchem Gott seine Sünden vergeben hat", ist ein Lehrgedicht zweifellos für die Gemeinde Israels abgefasst, und zwar zum Zwecke der Liturgie; wahrscheinlich für Tage der Seelenläuterung und zum Ausdruck des Dankes für die Befreiung des Gemüths von Sünden. Vor allem ist wohl zu beachten, dass in V. 4, 5, 7 also dreimal, סלה steht. Ferner V. 6 על זאת יתפלל כל חסיד. Der Dichter belehrt also jeden Frommen aus der Gemeinde, dass er seine Sündenlast abwälze, und zwar לעת מצא „zu einer Zeit, wo sich Gott finden lässt". Vergl. Jesaia 55. 6 דרשו ה׳ בהמצאו oder was dasselbe ist Jesaia 49. 8 בעת רצון. „Denn," meint er, „den חסיד, den Frommen, werden die hereinbrechenden stürmischen Fluten, wenn er rein geblieben, nicht erreichen." רק לשטף מים רבים אליו לא יגיעו, wobei nach Gesenius רק mit אליו zu verbinden ist. Beweis dafür ist der folgende V. 7 „Du bist auch mir fester Schutz. Darum will ich dich lehren V. 8 den Weg, den du gehen sollst, nämlich den der Frommen." Und unmittelbar folgt darauf: „seid nicht wie Ross und Maultier ohne Vernunft". Der רשע, der dem unvernünftigen Thiere gleicht — „seiner harren mancherlei innere Wehen, wie sie die Sündenlast erzeugt." רבים מכאובים לרשע. — Alles dies steht in naher Beziehung zu der Einleitung des Psalms, wo der

Dichter sein Lehrgedicht nicht mit sich allein, sondern mit
der Gesamtheit beginnt: „Heil dem, dessen Sünde verhüllt
ist, doch heil dem Menschen אשרי אדם — also wieder die
Allgemeinheit — dem der Ewige kein Vergehen gedenkt; denn
wahrlich, würde ich meine Sünden verschweigen: V. 3, dann
alterten meine Gebeine; V. 4 dann würde Tag und Nacht
deine Hand, Gott, mich belasten und meine Lebenssäfte
würden trocknen בחרבוני קיץ d. h. wie bei Sommergluten." Was
muss ich also thun? — V. 5 nicht schweigen, sondern
חטאתי אודיעך ועוני לא כסיתי אמרתי אודה פשעי und du, Gott, verzeihst
סלה. Indem ich solches künde, denke ich auch „an die Gesamtheit der Frommen" und daher V. 6 על זאת יתפלל
כל חסיד. Der Schlusssatz 11 mag ein späteres Epiphonema sein,
das aber vortrefflich zu dem Freudengefühl passt, welches
die Sündenvergebung hervorbringt גילו צדיקים והרנינו כל ישרי לב.

Psalm. 34.

Es ist ein alphabetischer Psalm, der nach unserem
Dafürhalten individuell ist. Denn es handelt sich um ein
persönliches Erlebnis des Dichters, welcher demzufolge ein Lehrgedicht abfasst, das ein Stück Ethik für die
Gesamtheit Israels enthält. Alle Buchstaben mit Ausnahme
des ו sind vertreten, doch kann man in V. 6 הביטו אליו ונהרו
mit ה auch ו annehmen. Der Schlussatz, eine Wiederholung
des פ, פודה ה' נפש עבריו ist ganz entschieden späteres Epiphonema
und hat seinen Grund darin, dass der Dichter zu dem Schlusse
ולא יאשמו כל החוסים בו. ושנאי צדיק יאשמו einen Gegensatz haben will
Das Ereignis, um welches es sich handelt, ist in
V. 6, 7, 8 angegeben. Der Dichter, ein Feldherr, erhebt,
umringt von Feinden, die ihn misshandeln, fromm die Hände
zum Gebete: דרשתי את ה' וענני. Alle blicken auf ihn הביטו אליו ונהרו
und siehe da: „der Arme ruft, וזה שמע, und ein Engel Gottes
lagert sich rings um alle Frommen" חנה מלאך ה' סביב ליראיו.
In dem Uebermass des Glückes dankt nun der fromme
Dichter V. 2 אברכה את ה' V. 3 בה' תתהלל נפשי. Aber er be-
gnügt sich nicht damit, sondern wünscht, ישמעו ענוים וישמחו

„mögen auch die andern Demüthigen sich freuen" ; und darum
fordert er sie auf נדלו לה׳ את׳ „Verherrlichet Gott mit mir,
dass wir zusammen יחדו seinen Namen erheben." Dieses את׳
„mit mir" und das יחדו „wir wollen zusammen Gott loben"
kann doch wahrlich keine Gesamtheit sprechen. Ferner
belehrt der fromme Dichter kommende Generationen, und
ein Satz wie V. 12 לכו בנים שמעו לי würde sich kaum verständlich ausnehmen im Munde der Gesamtgemeinde.
Wohl aber kann ein einzelner Frommer die Jugend aufrufen
mit den Worten: „ich will euch Gottesfurcht lehren." So
lehrt er denn auf die reflectierende Frage מי האיש החפץ חיים
V. 13, dass jeder seine Zunge vor Bösem hüte, dass jeder
Einzelne, V. 15, das Böse meide, das Gute thue und den
Frieden suche und erstrebe, denn Gott vergilt, V. 16 und 17,
denen, die Gutes, wie denen, die Böses thun. Und erfährt oft
der Gute und Fromme Böses —: V. 20, Gott errettet ihn vom
Übel. Es würde sich auch im Munde der Gesamtheit gar
nicht der Ausdruck rechtfertigen lassen von V. 21 שמר כל עצמותיו
„Gott behütet den צדיק, dass auch nicht ein Knochen in
seinem Leibe gebrochen werde." Wohl aber beruht dieser
Gedanke auf einer erfahrenen Thatsache, dass der von vielen
Hassern Umgebene und recht arg Gepeinigte gerettet wurde.
שנאי צדיק tragen ihre eigne Schuld יאשמו, und das Böse tötet
den Bösen, während der Gute niemals zu schanden wird,
weil der Urheber des Guten Gott ist, dem er vertraut.
Damit schliesst die reflexiv angelegte, didaktische Dichtung.

Psalm 35.

Dieser Bitt- und Klagepsalm trägt viele individuelle
Züge. Es handelt sich um das Gebet eines frommen
Heerführers vor der Schlacht gegen seine Feinde.
Daher die Einleitung לחמי את לחמי, daher der Hinweis auf
„Schild und Speer" in V. 2 und 3. Der Dichter verspricht,
nachdem der Feind in sein eigenes Netz werde verstrickt
werden, würde er frohlocken in Gott und ihn rühmen mit
seinem ganzen Wesen, dass Ihm niemand gleiche V. 9. 10,

Er spricht von seinen Feinden als „Zeugen der Gewalt" und als Menschen, die Gutes mit Bösem vergelten. V. 11. 12. Das letztere beweist er damit, dass er ihnen einmal zur Zeit „ihrer Krankheit seinen Kummer dadurch bewiesen, dass er trauernd um sie gefastet habe." בחלותם לבושי שק עניתי בצום נפשי und „was ich gebetet habe; das soll in meinen Schooss zurückfallen" V. 13. „Ich aber habe um diese Leute wie ein Trauernder um eine Mutter mich gebeugt, als ob sie Freunde und Brüder mir gewesen wären, כרע כאח לי. Dennoch haben jene sich gefreut über meinen Fall, meiner gespottet und die Zähne gefletscht." V. 15. 16. Deshalb nennt sie der Dichter „wilde Thiere, vor welchen ihn Gott beschützen soll" V. 17. Dann „werde er in grosser Versammlung Gott loben" V. 18 אודך בקהל רב בעם עצום אהללך, und als ob er ihre Schlechtigkeit nicht vergessen könnte, hebt er immer wieder an, sie zu schildern, diese שנאי חנם, welche über die „Friedlichen des Landes" רגעי ארץ Trug sinnen und spottend ihren Mund erweitern V. 19—22. Daher „will er Gott zum Gerichte erwecken in seiner Unschuld, während er V. 27 ihnen die Freunde gegenüberstellt, welche sein Bestes wünschen. Diese Freunde sollten einmal sprechen יגדל ה' החפץ שלום עברו, wärend seine Zunge unaufhörlich Gottes Lob verkünden wolle" V. 27, 28. Das שלום עברו am Schlusse und die geschilderten Thatsachen erhärten die Ansicht, dass es sich hier um den Dichter selbst handelt. Nationale Beziehungen, strophischer Bau und Ähnliches fehlen gänzlich.

Psalm 36.

Dieser schwierige Psalm, dessen Einleitung נאם פשע לרשע בקרב לבי sehr gemahnt an Ps. 14 אמר נבל בלבי, und der vielleicht etwas im Texte verstümmelt ist, was aus V. 6 בהשמים hervorgeht, enthält nur e i n e n Ichsatz, will man, was wohl im allgemeinen angenommen wird, in V. 2 anstatt בקרב לבי — בקרב לבו lesen, nämlich V. 12: „Lass mich nicht kommen unter den Fuss des Hochmuths, und die Hand der Frevler möge mich nicht bannen, תנדני, oder nicht zur Flucht

bewegen." Falls dieser Satz ein späterer Zusatz wie auch
V. 13 שם נפלו פעלי און, welcher durchaus nicht im Zusammenhange mit dem vorhergehenden steht, käme Ps. 36 nicht in
Betracht, da er sonst kein Ich enthält. Gehört aber das
letztere doch zum Ganzen, so will es uns bedünken, dass in
V. 13. שם „Dort fallen die Uebelthäter" ein bestimmtes
historisches Ereignis als Grund der Abfassung des
ganzen Gedichtes gilt, und dann müsste man den Psalm als
einen individualen bezeichnen. Zweifelhaft wäre nur
V. 9 ירוין מרשן ביתך, welches sich auf die fetten Opfer im
Tempel Gottes beziehen liesse, und ebenso das in V. 10 in
der 1. Person Plural stehende באורך נראה אור. Der Hinweis des
Dichters auf die Strafgerichte Gottes, wobei der Gedanke
an die Sintflut bei Noah משפטיך תהום רבה zum Vorschein
kommt, wäre an sich nicht sonderbar. Die Unschuld wird
verfolgt und fleht für sich um Gottes Hilfe, daher אדם ובהמה
תושיע ח'. Vielfältig ist wegen der Sätze 7—11 der ganze
Psalm als liturgisch bezeichnet worden. Wegen der
vorher angegebenen Thatsachen dürften diese Sätze aber erst
von dem Ordner oder Sammler zum Zwecke des Gottes-
dienstes bestimmt worden sein. Jedenfalls ist dieser schwierige
Psalm einer von den zweifelhaften.

Psalm 37.

Es ist ein alphabetisches Lehrgedicht mit Doppelversen,
wobei einige Störungen eingetreten. Das Gedicht ist voller
Reflexionen, welche aus den individuellen Verhältnissen
des Dichters heraus sich erklären lassen, wie aus dem Folgenden hervorgeht: Die Gemeinde als solche könnte nicht
sprechen V. 25 נער הייתי נם זקנתי, das kommt nur einem Einzelnen zu. Sie könnte nicht V. 34 sagen. שמר דרכו וירוממך
לרשת ארץ, denn das ist eine Unterweisung eines Einzelnen an
einen aufmerksamen Hörer. Sie könnte ferner nicht V. 35
und 36 hinzufügen ראיתי רשע עריץ ומתערה כאזרח רענן ויעבר והנה איננו.
Auch die Reflexionen von V. 2—5 ferner V. 12—15; V. 30
bis 37, welche ethische Grundsätze enthalten, sind ungemein

44

singulär gehalten und erst gegen Ende des Psalms V. 38
bis 40 tritt die Mehrzahl in den Vordergrund. Es ist ferner
wohl zu beachten, dass in dem Psalm 6mal die Rede ist von
dem „Besitze des Landes" V. 3 שכן ארץ, wohne im Lande,
— beim Gottvertrauen, V. 9 die auf Gott hoffen יירשו ארץ
V. 29, צדיקים יירשו ארץ und endlich V. 34 „beobachte Gottes
Wege und er wird dich erheben לרשת ארץ." Das führt uns
auf die Vermutung, dass der Dichter zu einer Zeit schreibt,
in welcher der Besitz des Landes für Israel eine streitige
Sache ist, weil eben die רשעים es besitzen. Beweis dafür ist,
dass in V. 34 hinzugefügt ist בהכרת רשעים תראה, „wenn die
Frevler ausgerottet werden, wirst du es sehen" was zum
V. 38 trefflich passt: ופשעים נשמרו יחדו, und das Ende wird sein
אחרית רשעים נכרתה. Dass es für die צדיקים eine Zeit der Not
ist, beweist auch V. 39. 40. „Die Hilfe der Frommen ist von
Gott, ihre Zuflucht בעורת ה׳. Gott errettet sie מרשעים und
hilft ihnen, denn sie vertrauen ihm." Sonach ist es uns klar,
dass der Psalm möglich ausserhalb des Landes geschrieben, auf die Zustände desselben Bezug nehmend, die
Frommen ermuntern will, im Gottvertrauen auszuharren und
sich nicht zu ereifern wie in V. 1 gesagt wird: במרעים, und
nicht zu beneiden die „Männer des Unrechts, welche wie
Gras dahinwelken würden." — Also ein Individualpsalm.

Psalm 38.

Schon der Eingang V. 2 „Gott, strafe mich nicht in
deinem Zorne," zeigt uns eine Aehnlichkeit mit Ps. 6. Der
Dichter leidet. Er ist schwer krank V. 4—9. Sein Leben ist
von tückischen Feinden bedroht V. 13. 17. 20. Der Dichter
spricht schuldbewusst V. 4. 5. 6. 19. Er glaubt die Strafe
verdient zu haben. Er redet weiter V. 12, dass seine Freunde,
Genossen und Anverwandte ihm ferne stehen; er bittet um
Hilfe. Die Sprache erinnert an Jeremias 10. 24. Eine nationale
Beziehung ist auch hier nicht zu finden; an Strophenbau
nicht zu denken. Es ist ein Individualpsalm.

Psalm 39.

Auch dieses Gedicht, welches durch und durch eine singuläre Form trägt und die Seelenzustände des Dichters schildert, wäre man geneigt, als ursprünglich nicht für die Gemeinde bestimmt anzusehen. Allein, was den Inhalt betrifft, sind ganz allgemein menschliche Zustände, die man auch einer Gesamtheit zumuthen dürfte, darin ausgesprochen. Nämlich das „sich hüten mit der Zunge vor Bösem, so lange der Frevler vor mir ist." Auch die Gemeinde kann verstummen — im Dulderschmerze V. 2; auch sie — als solche — kann allgemeine Betrachtungen anstellen über Leben und Tod und Gott fragen הודיעני יי מה היא וגו׳, „lass mich mein Ende wissen und das Mass meiner Tage", wozu wohl weniger die Todessehnsucht als vielmehr das Leid über die kurze Frist des menschlichen Daseins den Anlass giebt. Auch dass gewiss traurige Erfahrungen vorwalten, mochte in trüben Augenblicken Betrachtungen über die Vergänglichkeit veranlassen, und so mochte die Gemeinde wohl sprechen אך הבל כל אדם סלה V. 12 als Zurechtweisung,. und wieder V. 6 אך כל הבל כל אדם im Anschluss an die Handbreiten gleichende kurze Spanne Zeit, die das Leben ausmacht. Ferner kann auch die Gesamtheit Israels V. 11 in der Anfeindung und dem Leide, die sie betroffen, sprechen: הסר מעלי נגעך sowie V. 14, „wende dich von mir, dass ich mich erheitere, bevor ich zu sein aufhöre." Was aber ganz besonders in die Waagschale fällt, sind die zwei Gedanken בי גר אנכי עמך תושב ככל אבותי V. 13, welche unsere Ansicht viel mehr hinneigen möchten zu einer Gemeindeandacht als zu der Beziehung auf einen Einzelnen. Aber mehr als all das scheint die liturgische Ansicht hervorzugehen aus dem regelmässig nach 6 Sätzen wiederkehrenden סלה, ja noch mehr aus dem Refrain von diesem אך הבל כל אדם סלה V. 6 אך כל הבל כל אדם נצב סלה und V. 12 אך הבל כל אדם סלה. Warum sollte nicht die Gemeinde Israels, die sich gewöhnt hat an den Gedanken, der Mensch sei im Ebenbilde Gottes geschaffen, und daher im Angesichte des Todes oder der Vergänglichkeit eine Stütze sucht bei dem, was der Vergänglichkeit nicht anheim fällt — was hier ausgedrückt steht in V. 7 אך בצלם יתהלך איש. — : Warum sollten sie nicht hierin sowie in Gott den Trost finden, sich über das Irdische zu erheben? Auch das oftmalige איש und אדם dürfte auf die Allgemeinheit des Psalms leicht verweisen können. Wir zählen diesen Psalm wegen seiner singulären Form zu den zweifelhaften.

Psalm 40.

Das Gedicht, welches wie ein Danklied beginnt, „Ich habe gehofft und Gott hat mich erhört, mich heraufgebracht aus der Grube des Unheils מטיט היון, vom kotigen Schlamm,“ erinnernd an die göttlichen Wohlthaten, insbesondere an die Rettung aus grosser Not, (vielleicht ist die Befreiung aus dem Exil gemeint) — ist nach unserm Dafürhalten wie selten ein anderer Psalm ein Gedicht, das der Autor zum Zwecke der Gemeindeandacht verfasst hat, solches sogar der Gemeinde sagt. V. 4 heisst es da: „Gott legt in „meinen Mund“ ein neues Lied“ שיר חדש und fügt hinzu: Dies Lied sei תהלה לאלהינו. Der Dichter schreibt also ein „Lob für unsern Gott,“ und als ob er dies nochmals hervorheben und seinen Zweck angeben wollte, fährt er fort: יראו רבים וייראו ויבטחו בח' „dass Viele es sehen und Gott vertrauen.“ Er weist weiter hin — indem er den Mann, der auf Gott vertraut, seelig spricht — auf die nationalen Wunder, wobei ein Übergang vom Dichter zu der Gesamtheit klar erkennbar ist: „Vieles hast du gethan, Ewiger mein Gott, deine Wunder und deine Gedanken über uns אלינו; ich will das verkünden.“ Und wie einer der altisraelitischen Propheten weist er hin darauf, „dass Gott kein Wohlgefallen habe an Mahlopfern, an Ganz- und Sündopfern“ זבח ומנחה לא חפצת V. 7 und sagt weiter: „woran Gott sonst Wohlgefallen finde, an seiner „Gotteslehre“ V. 8, 9. אז אמרתי הנה באתי במגלת ספר כתוב עלי und ותורתך; was ist dieser Wille Gottes? — : לעשות רצונך אלהי חפצתי בתוך מעי „in meinem Innern ist deine Lehre.“ In Beziehung auf diese Lehre, an der Gott Wohlgefallen hat, spricht er aus, „dass er diese Lehre nicht bei sich behalten, solche auf seinen Lippen nicht einmal allein tragen, sondern der Gesamtheit mitteilen will.“ בשרתי צדק בקהל רב הנה שפתי לא אכלא ה' אתה ידעת צדקתך לא כסיתי בתוך לבי אמונתך ותשועתך אמרתי לא כחדתי חסרך ואמתך לקהל רב. So nähert

sich der Dichter der Gesamtheit und kündet mit dem prophetischen Gedanken, dass Gott nur Wohlgefallen hat an der
das ganze Sein durchdringenden Gotteslehre, woran er die
Hoffnungen knüpft, dass Gott auch fürderhin mit seiner
Barmherzigkeit nicht aufhören werde V. 12. „Denn," meint er,
„wenn auch der Sieg errungen worden, an Feinden fehle es
nicht und Sünden gebe es immer wieder." V. 13—15, wobei
er noch einmal, V. 17, auf die Gesamtheit hinzielt. שישו וישמחו
בך כל מבקשיך. Von diesem fortwährendem Würdigen der Gottes-
grösse kommt er wieder auf sich zu sprechen in ואני עני ואביון, „auch
mich, den Armen, möge Gott bedenken" V. 18. Es ist also in
einer Beziehung ein Individualpsalm, denn der Dichter redet
von sich, andererseits aber zeigt der Dichter, dass er hier
seine Ideen nicht für sich allein, sondern eben f ü r d i e G e-
s a m t h e i t niederschreibt. Die nationalen Beziehungen
in V. 6, die prophetische Idee: was an Stelle der Opfer zu
treten habe, ganz besonders V. 4. 10. 11, wo er sein Lied
der Gesamtheit in den Mund legen will — תהלה לאלהנו —
lässt uns den für die G e m e i n d e l i t u r g i e s c h r e i-
b e n d e n D i c h t e r erkennen.

Psalm 41.

Es ist ein von einem einzelnen, schwachen, auf seinem
Krankenlager Heilung suchenden Dichter verfasstes Poëm,
welches sehr an Ps. 6 erinnert, was aus V. 5 hervorgeht.
„Ich sprach, mein Gott, sei mir gnädig" רפאה נפשי כי חטאתי לך.
Doch ist der Übergang von der Einleitung V. 2—4, in
welcher derjenige selig gesprochen wird, der sich des Armen
am Tage des Unglücks annehmen wird אשרי משכיל אל דל etwas
schroff. Es ist ein Hinüberleiten der Gedanken von sich auf
Andere, was ebenso aus dem Worte דל wie aus dem Worte
ישמרהו ויחיהו, „Gott behüte und lasse ihn leben, dass er auch auf
der Erde glücklich sei" V. 3, sowie ganz besonders aus V. 4
hervorgeht: „Gott stütze ihn auf dem Krankenbette" und der
Hinzufügung כל משכבו הפכת בחליו. Freilich ist es ein Durch-
einander der Gedanken, so dass die Annahme der Verstümmelung des Gedichtes nicht unberechtigt sein dürfte.

Eine nationale Beziehung findet sich im Psalme nicht. Von Feinden, welche dem Dichter jede Hoffnung auf Leben ab-sprechen, auf Böses sinnen und ihn verwünschen, ist allerdings darin die Rede, dies aber in zu persönlicher Weise. Ebenso davon, dass selbst ein guter Freund, dem der Dichter vertraut, ihn verspottet גם איש שלומי אשר בטחתי בו אוכל לחמי הגדיל עלי עקב V. 10. V. 14 ברוך ה׳ אלהי ישראל ist ganz entschieden in späterer Zeit als Doxologie zum Schlusse des ersten Buches angefügt. Wir haben es somit mit einem Individualpsalm zu thun.

II. Buch.

Psalm 42 und 43.

Diese beiden Psalmen, welche auch nach einigen Handschriften äusserlich verbunden erscheinen, bilden unverkennbar ein Ganzes. Das Gedicht besteht aus drei Strophen, wobei dreimal der Refrain מה תשתוחחי נפשי V. 6, 12 und Ps. 43, V. 5 wiederkehrt. Der Dichter schreibt f ü r d i e G e m e i n d e und zwar ausserhalb des heiligen Landes, wahrscheinlich im babylonischen Exil, wo sich die Gemeinde Israels fortwährend nach dem heiligen Tempel sehnt, wo sie in ihrem Sehnen eingedenk ist der im Gotteshause geschauten Menge, und wo sie die Hoffnung nährt, dereinst wieder dort zu erscheinen. Diese nationalen Beziehungen kehren oft wieder. Wie ein schmachtender Hirsch, so schmachtet Israel nach Gott V. 2. Dieses „nach Gott" erklärt V. 3. מתי אבוא ואראה פני אלהים, was unzweifelhaft auf den Tempel geht. „Die Völker ringsumher sprechen zu mir איה אלהיך" V. 4. „Ich erinnere mich und dabei will mein Gemüt sich völlig ausschütten, des dichten Gedränges, welches ich כי אעבר בסך אדדם עד בית אלהים בקול רנה ותודה המון חוגג gewohnt war zu schauen." Der Dichter sieht die Gemeinde a u s s e r h a l b d e s L a n d e s und darum sein Wort אזכרך מארץ ירדן וחרמונים מהר מצער, d. h. nicht als ob der Dichter im Jordanlande und beim חרמון stände, es scheint das vielmehr eine Beziehung auf das heilige Land im allgemeinen zu sein. Dort hat die Gemeinde Israels die göttlichen Wohlthaten genossen und jetzt gedenkt sie derselben vielleicht רחוק מארץ ירדן entfernt von jenen Gebieten. Das unbestimmte מהר מצער ist eine Parallele zu מארץ ירדן. Es dürfte damit wohl der Berg Zion oder der Tempelberg gemeint sein. Immer grösser wird die Gewalt der Sturmflut, und der Dichter meint: וגלילה שירה עמי

„auch in dieser Nacht ist Gottes Lied mit mir", wobei man anstatt תפלה, תהלה לאל היי, was zu שיר besser passt (mit einigen Handschriften) lesen wolle. Es ist ferner die Rede von lästernden Feinden, die in zudringlicher Weise unablässig „zu mir sprechen איה אלהיך, so dass es mir schmerzlich wie ein „Dolchstich" in mein Gebein dringt ברצח בעצמותי." Des Dichters מה תשתוחחי, „was beugst du dich, Seele" ist der Ausdruck der Aufrichtigkeit im Bewusstsein der Gebeugtheit, der Sehnsucht und der Hoffnung, „er werde doch Gott noch danken vor seinem Angesichte." Das נוי לא חיו im folgenden Ps. 43, 2 veranlasst ihn weiter zu der bitteren Klage למה זנחתני למה קדר אתהלך בלחץ אויב und wieder denkt er an Zion. „Sende dein Licht und deine Wahrheit, sie sollen mich führen und mich bringen אל הר קדשך ואל משבנותיך V. 3. Dann will ich kommen zum Altare Gottes, zu Gott, meiner höchsten Freude." ואורך בכנור אלהים אלהי, was auf den Gemeindegottesdienst, begleitet mit Instrumentalmusik, zielt; worauf neuerdings der bekannte Refrain in V. 5 folgt. Es ist also klar, dass es sich in diesem Gedichte um die G e s a m t h e i t handelt, und zwar in den Leiden des Exils, was ja auch von vielen Erklärern richtig erkannt worden.

Psalm 44.

Auch dieser nationale Klagepsalm, veranlasst durch den Druck und die Kämpfe mit den Feinden, ist unzweifelhaft ein l i t u r g i s c h e r G e m e i n d e p s a l m. Schon die historische Einleitung: „Gott, mit unsern Ohren haben wir gehört, unsere Väter haben uns erzählt die Wunderthaten, die du in ihren Tagen, in den alten Tagen, bewirkt hast: wie deine Hand Völker vertrieben und verpflanzt hat, übel gethan den לאמים, den Nationen, und sie fortgeschickt, wie sie nicht, sich auf ihr Schwert stützend, das Land in Besitz nehmen konnten," V. 2—4 beweist, dass es sich hier um die Gesamtheit Israels handelt. Aber deutlicher noch besagen es V. 5, 6, 7, 8, 9, wo merkwürdiger Weise ausdrücklich das I c h mit W i r, das W i r mit I c h als identisch hingestellt wird. אתה הוא מלכי „Du bist m e i n König, Gott, entbiete die Hilfe

Jakobs", und unmittelbar darauf: „mit dir werden w i r unsere Feinde stürzen" בך צרינו ננגח, dann bald wieder כי לא בקשתי אבטח, „i c h vertraue nicht auf meinen Bogen, und mein Schwert wird mir nicht helfen. V. 7, während der folgende im engen Anschluss daran ausspricht כי הושעתנו מצרינו „du hast u n s geholfen von unsern Feinden." Was folgt darauf? באלהים הללנו כל היום ושמך לעולם נודה סלה Jetzt beginnt die Klage über das Verlassensein „als ob Gott nicht ausziehen wollte mit ihren Heeren, denn die Feinde rauben, verzehren Israel, zerstreuen es unter die Völker ובגוים זריתנו V. 12; verkaufen es ohne Lohn, so dass es bei den Nachbarn und der Umgebung zur Schande, so dass Israel משל בגוים wird." Nach diesen pluralen Sätzen kehrt in V. 16 die Einzahl wieder. כל היום כלמתי נגדי „m e i n e Schmach steht vor mir angesichts der Stimme des Lästerers, des Feindes und Rächers" V. 17, um dann wieder zum Plural überzugehen : „All das ist u n s zugekommen, und doch lästern wir nicht gegen deinen Bund V. 18 und נסוג אחור לבנו" V. 19. Weiter erinnert der Dichter Israel an Egypten במקום תניב vgl. P. 74, 13. אתה פוררת בעזך ים שברת ראשי תנינים על המים Ezechiel 29, 3, (wo מצרים בתנין das Land der Krokodile) und fügt im Plural hinzu : „vergässen wir den Namen unseres Gottes, um von ihm abzufallen, wie sollte er solches nicht erforschen." Nein, nein, sagt der Dichter, um Gottes Willen nehmen wir das Martyrium auf uns עליך הורגנו כל היום d. h. wir bleiben dir treu, auch wenn wir „wie die Schafe zur Schlachtbank geführt werden" V. 20 — 23. Dieser Glaubensstärke sich bewusst, ruft die fromme Gemeinde Gott auf „עורה למה תישן" und wünscht „Erlösung um Gottes Gnade willen." V. 24—27.

Psalm 45.

Es ist ein Königspsalm bei Gelegenheit der Vermählung eines Königs mit einer fremden Königstochter. Also möglicherweise ein Hochzeitslied, das erst in späterer Zeit vielleicht deshalb in die Psalmensammlung geriet, weil man dieses Gedicht allegorisch auf eine geistige Verwählung des Messias mit Israel gedeutet hatte. Der König kann Salomo sein, der sich mit der Prinzessin von Aegypten ehelich ver-

bunden hatte. Andere meinen, aus V. 13 וכח צר auf die Verbindung von Achab mit der Tyrierin schliessen zu sollen.
Die ganze Anlage des Psalms ist individuell. Bemerkenswert ist noch, dass zu Anfang und zu Ende das I c h erscheint. Zu Anfang, als ob die Zunge des Dichters sich
selbst ihrer Gewandtheit rühmte לשוני עט סופר מהיר, was gewiss
nicht auf die Gesamtheit zu beziehen ist; während der
Schluss אזכירה שמך בכל דר ודר so klingt, als ob der Dichter wünschte,
sein Gedicht werde auch in der spätesten Zeit noch gesungen. Ob V. 18 ein späteres Epiphonema, ist möglich.
Es scheint allerdings in losem Zusammenhang mit V. 17 zu
stehen.

Psalm 49.

Dieses philosophische Lehrgedicht, ungemein schwierig
zu erklären, wird meistens als individuell bezeichnet, denn
es wendet sich darin ein Einzelner mit den Worten der
Weisheit oder mit einem משל wie er sagt, an die Gesamtheit. Er spricht von der Nichtigkeit des Reichtums, welcher
nicht vom Tod erretten kann. Auch hat das Gedicht keinerlei
nationale Beziehungen aufzuweisen. Insbesondere wäre die
Reflexion, die durch das Ganze geht, geeignet, diese These
zu stützen. Dennoch sind wir aus folgenden Gründen geneigt,
den Psalm als liturgisches Gemeindegebet abgefasst
zu betrachten. Vor allem spricht der Dichter nicht nur zur
Gemeinde, sondern zu aller W e l t שמעו זאת כל העמים und wiederholt die Parallele האזינו כל ישבי חלד ; er wendet sich weiter an
בני אדם und בני איש d. i. an gewöhnliche und höhere Menschen
an עשיר ואביון, an Arm und Reich, denn, meint er, alle Welt
hätte diese חכמה nöthig, die sein Herz ersonnen und sein
Mund aussprechen wolle. Es ist ferner eine Philosophie, wie
sie im Buche Kohelet wiederkehrt, wo die Weisheit eifert
gegen Reichthum verbunden mit Thorheit, in einer Zeit,
wo die U n s t e r b l i c h k e i t s l e h r e Wurzel fasst in
Israel, so dass der Glaube an die Unsterblichkeit die Armen
hinwegtröstet über das Elend dieser Welt, und den sich
auf ihren Reichtum stützenden Reichen und Vornehmen

żuruft, dass sie in ihrer Unvernunft dem Viehe gleichen,
weil sie an keine Ewigkeit glauben, woher sich ihr ungezügeltes
gottloses Leben herleitet. Man könnte sonst nicht begreifen,
warum der Dichter V. 16 so deutlich von „einer Erlösung
seiner Seele" aus dem שאול redet, zur Zeit, da ihn Gott
h i n w e g n i m m t אך אלהים יפדה נפשי מיד שאול כי יקחני סלה. Man könnte
sonst nicht fassen, warum der darauf folgende Vers: „Sei
nicht bange, wenn so ein Mensch reich. wird, mit seinem
Tode nimmt er nicht Alles mit; es folgt ihm nicht seine
Herrlichkeit; brüstet er sich doch in seinem Leben mit sich
selbst." V. 16—19. Man würde sonst nicht verstehen: הבטחים
על חילם V. 7 die Anrede an die Reichen, die „da vertrauen
ihren Schätzen", welch letztere sie doch nicht vom Tode
befreien. אח לא פדה יפדה איש und es würde wahrlich eine solche
„Auslösung" nicht zu erschwingen sein V. 8. 9. Wohl glaubt
man dort „ewig leben zu können und niemals die Gruft zu
schauen" V. 10, wahrlich, das ist falsch, meint der Dichter,
„Alles muss sterben, selbst הכמים und gar erst die Thoren, die
da meinen קרבם בתימו לעולם משבנתם לדור ודר, „dass sie in ihren Häusern
ewig wohnen, und dass ihre Wohnungen immer bestehen,
dass ihre Namen immer auf der Erde genannt werden".
Thorheit ist dieses Sichstützen auf irdische Herrlichkeit,
denn ואדם ביקר בל ילין, unbedingt wie V. 21 בל יבין zu lesen, der sich
auf seinen Reichtum Stützende ist unvernünftig נמשל כבהמות נדמיו,
„gleicht dem Thiere, das vergeht" Dem gegenüber betont
der Dichter וירדו בם ישרים V. 15, während jene in ihrer Thorheit eine Weide des Todes sind, „herrschen über sie die
Redlichen im Hinblicke לבקר auf den M o r g e n", d. h. auf
die E w i g k e i t, und so ist die Schwierigkeit des folgenden
וצורם לבלות שאול מזבל לו, behoben, ihr, der Redlichen Hort vernichtet
die Unterwelt und bewirkt solches von seiner ewigen Wohnung וזבל aus, worauf vortrefflich passt: „Gott erlöset meine
Seele מיד שאול כי יקחני סלה, wenn er mich von dannen nimmt."
Ebenso bezieht sich V. 20 עד נצח לא יראו אור auf die Unvernünftigen, „die das Licht jenes Morgens nicht schauen werden",
dem sich wieder der Refrain אדם ביקר לא יבין, dass diese dem
Tiere gleichen, gut anreiht. Man könnte noch hinzufügen,
dass diese der frommen Gemeinde des zweiten Tempels

innewohnende religiöse Unsterblichkeitsidee einen Sänger
findet, denn der Dichter leitet sein Lehrgedicht mit **M u s i k**
ein; er will sein משל mit Harfenspiel begleitet zum Vortrag
bringen. אפתח בכנור חידתי, was sonst bei philosophischen Reflexionen ausgeschlossen ist. Es kommt das zweimalige סלה V. 14
und 16 noch hinzu und endlich der **R e f r a i n** V. 13 und
V. 21. Also auch das Sprachliche begünstigt unsere Vermutung.

Psalm 51.

Dieser Psalm, der in V. 2 von einer Beziehung David's
zum Propheten Nathan, als er zu Bathseba kam, redet,
welcher Vers aber nur zum Teil mit dem Inhalte zusammenhängt, nämlich bis V. 16, während von V. 16—21 spätere
Verhältnisse hervortreten, die unmöglich sich auf David oder
David's Zeit beziehen können, wie V. 20 am besten beweist
היטיבה ברצונך את ציון, ist nach meinem Dafürhalten ein **i n d i v i-
d u e l l e r** Psalm, denn es waltet das Ich in zu persönlicher
Weise vor; „sei mir gnädig Gott, wasche mich rein von
meiner Sünde gegen dich habe ich gesündigt", deutlicher:
הן בעון חוללתי ובחטא יחמתני אמי V. 7 u. s. w. Ganz besonders aber
der Satz: אלמדה פשעים דרכיך V. 15 kann unmöglich von der
Gesamtheit ausgesprochen worden sein. Der Dichter steht
freilich auf einer hohen Stufe der Erkenntnis, welche sich
aus dem Erfassen der prophetischen Idee herleitet, wonach
die Reinheit des Herzens höher steht als Opfer. Es ist die
Zeit bereits eingetreten, in der das Gebet die Stelle des
Opfers vertritt, wo wahrscheinlich ausserhalb Zions nach dem
Falle der Davidischen Dynastie, etwa im babylonischen Exil
der Dichter sagt: „Herr öffne meine Lippen und mein Mund
verkünde dein Lob; denn du willst ja nicht, dass ich ein
Opfer gebe. כי לא תחפץ זבח, Ganzopfer magst du nicht V. 18."
„Wohl aber sind die Opfer Gottes ein zerknirschtes Gemüt
זבחי אלהים רוח נשברה. Allein wirst du einst die Mauern Jerusalems
wieder aufbauen, תבנה חומות ירושלם, dann אז תחפץ זבחי צדק V. 20, 21.,
werden wohl wieder Opfer gebracht werden auf deinem
Altare."

Psalm 52.

Die Einleitung zu diesem Psalm „als Doëg kam, der Edomiter, der Saul David's Aufenthalt im Hause des Abimelech verrieth", scheint nur in losem Zusammenhang zu stehen mit dem Inhalte des Psalms. Der Dichter hat es anscheinend mit einem heldenhaften Gegner zu thun, den er eingangs fragt, warum er sich seines Bösen rühmt. Er wirft ihm vor, dass seine Zunge Trügerisches sinnt und wie ein geschliffenes Messer verfährt, dass er Böses dem Guten und Lüge der Wahrheit vorziehe. Gott werde ihn niederreissen und aus dem Lande des Lebens entwurzeln, worauf die Gottesfürchtigen über ihn lachen werden und sprechen : So ergeht's dem Manne, der nur auf seinen Reichtum und seinen Trug baut. „Ich aber werde wie eine grünende Olive בבית אלהים weilen und Gott danken, denn er offenbart seine Güte angesichts seiner Frommen." Man könnte annehmen, dass es ein Individualpsalm ist, der sich mit einem einzelnen גבור befasst. Allein, wenn wir auch nicht positive Beweise für das Gegentheil auffinden können, so ist nicht zu übersehen, dass in diesem Psalm das Wörtchen סלה in V. 5 und 7, ferner die n a t i o n a l e Beziehung V. 10 ואני כזית רענן כבית אלהים, sowie der Schluss V. 11 נגד חסידיך doch auf ein H i n ü b e r - l e n k e n a u s d e m I n d i v i d u a l i s m u s in die G e - s a m t h e i t deutet. Wir halten diesen Psalm für z w e i f e l h aft.

Psalm 54.

In diesem kurzen, keine historischen Angaben enthaltenden Psalm redet ein einzelner Dichter, indem er Gottes Namen anruft und zu ihm betet, weil Fremde sich über ihn erhoben, Tyrannen, welche gottlos sind, wogegen Gott ihn schützen und den Feinden vergelten möge. Er wolle dann Gott freiwillig Opfer darbringen. Es ist ein I n d i v i d u a l - p s a l m mit einem Anlaufe zu strophischer Bildung. Das in V. 5 vorkommende סלה dürfte erst der Zusatz eines Bearbeiters für die Liturgie sein, wie wir ja vornehmlich i m II. B u c h e d a s W o r t סלה h ä u f i g b e i I n d i v i d u a l -

psalmen, insbesondere zur Trennung der Gedanken, selbst in der Mitte des Satzes vorfinden Siehe auch Ps. 55²⁰, 57⁴, 140⁹. Das in V. 4 vorkommende זריס und עריצים könnte man vielleicht doch in gewisse Beziehung bringen zu V. 2 zu בבוא הזיסים, so dass der Psalm mit einem Ereignis aus dem Leben des Dichters ursprünglich zusammenhängt.

Psalm 55.

Dieser obgleich zwei סלה enthaltende, aber eine Strophenanlage sonst entbehrende Psalm gehört zu den individuellen. Denn er neigt unbedingt zum Persönlichen, indem er von einer erfahrenen Thatsache redet. Es heisst da: „Ich sah Gewalt und Streit in der Stadt V. 10. ראיתי חמס וריב בעיר. Dazu kommt, dass der Dichter ausdrücklich einen ihm einst befreundet gewesenen Menschen, der Verrat geübt hat, persönlich anspricht. V. 14, 15 ואתה אנוש כערבי „Du bist ein Mensch nach meinem Werte, Freund und Vertrauter, אשר יחדו נמתיק סוד mit dem zusammen ich Vertraulichkeit gepflogen oder Geheimnisse aufgelöst und zum Gotteshause gewallt, inmitten einer fröhlichen Menge ברגש" Von diesem spricht der Dichter, dass er (jener Mann) seine Hand gestreckt gegen seine Freunde und Gottes Bund entweiht habe שלח ידיו בשלמיו חלל בריתו V. 21. Er nennt ihn einen „Schmeichler, dessen Mund glatter als Butter sei, sein Inneres und besonders die aus dem Innern kommenden Worte fliessender als Öl, während sie doch gezogene Dolche sind": darauf nur kann sich V. 24 beziehen, in welchem der Dichter ähnliche Leute verwünscht. תורדם לבאר שחת „mögen sie nicht einmal die Hälfte der Lebenszeit erreichen." Ihnen gegenüber hebt der Dichter sein Gottvertrauen hervor ואני אבטח בך, was zu dem vorigen V. 23 השלך על ה' יהבך, wohl eine Unterweisung für Andere als geeigneterer Schluss gelten kann. Der Dichter kann aber nicht im heiligen Lande sein, denn er wünscht sich eingangs V. 7 מי יתן לי אבר כיונה אעופה ואשכנה. Ja, noch mehr, er fügt V. 8 hinzu, er lebe in einer Wüste הנה ארחיק נדד אלין במדבר סלה Sein Hoffen angesichts der Zerstörung fern von der Heimat drückt er aus in drei Ichsätzen V. 17—20. Im 20. Satze sehen wir

in der M i t t e e i n סלה, welches klar beweist, dass dieses
Wort unmöglich auf einen liturgischen Gesang hinweisen
kann, sondern eher dazu dient, wie oben bereits gesagt
worden, die Gedanken merklich von einander zu trennen.
וישמע אל ויענם, Gott höre es — ויענני statt ויענם — וישב קדם סלה. ויענם giebt
gar keinen Sinn und scheint eine Verstümmelung zu sein, weil
es sonst zu dem vorhergehenden שרה בשלום נפשי in gar keiner
Relation stände. Der Dichter schliesst sein Gebet eben ab.
„Es erhöre mich der, der von uralter Zeit treu bewährte
וישב קדם סלה‚" während das folgende אשר unbedingt auf die Gottes-
feinde sich bezieht. אשר אין חליפות למו ולא יראו אלהים d. h. „bei denen
keine Änderung der Sitten stattfindet", wie de Wette richtig
bemerkt, weil sie eben unverbesserliche Sünder sind. Es
scheint zu den Eigentümlichkeiten des Dichters zu gehören
mit אשר nicht in unmittelbarer relativer Weise einen Gedanken zu beginnen wie z. B. אשר יחדו נמתיק סוד V. 15. Mit tiefem
Scharfblick halten Hitzig und Ewald die chaldäische Zeit,
etwa die der Belagerung Jerusalems durch die Scythen unter
Josia, für die der Abfassung des Gedichts. Und wahrlich an
verräterischen Individuen, die sich besonders gegen einen
Propheten wenden, wie es z. B. Jeremias war, dem Viele das
Poëm zusprechen, hat es in dieser Zeit nicht eben gefehlt.
Es ist kaum nöthig zu denken, den Psalm in die syrisch-
makkabäische Epoche zu verlegen, wie Ohlshausen, der an
den verworfenen Alkimos denkt, und es belegt mit Makk. I.
7, 9—25. Wie dem aber auch sei, es ist unstreitig ein
I n d i v i d u a l p s a l m.

Psalm 56.

Fast durchgehends erblicken wir hier zusammengehörende
Verse mit Refrain V. 5, 11 באלהים אהלל דברו. Die Art, wie in V. 8 die
Rede ist von Völkern, באף עמים הורד אלהים, dann, wie der Dichter
V. 13 von den Gelübden spricht, die er erfüllen wolle, ferner,
wie er V. 3 von den wutschnaubenden Feinden, die mit ihm
kämpfen, redet, gilt uns als Hinweis auf eine nationale Beziehung. In V. 9 scheint die Rede von einer Flucht zu denen,
die Gott nicht kennen נדי ספרתה, worüber der Dichter heisse

Thränen vergiesst. Dieses sowohl, als der Schlussvers 14, in welchem nach der Errettung von einem Wandeln nach Gottes Heiligtum die Rede ist, להתהלך לפני אלהים, lässt daran denken, dass wahrscheinlich der prophetische Verfasser auf das babylonische Exil hindeutet. Die Überschrift, als stamme das Gedicht von David, zur Zeit als „die Philister in Gath ihn ergreifen," steht in gar keiner Beziehung zum Psalminhalte. Es ist unstreitig ein für die Gemeinde Israels bestimmtes liturgisches Gedicht.

Psalm 57.

Wie der vorhergehende, weist auch dieser Psalm auf die Exilszeit hin, was der Dichter im zweiten Verse ausspricht וכצל כנפיך אהסה עד יעבר הוות d. h., er sei in Gefahr und bitte um Schutz im Schirmdache Gottes, d. h. in Jerusalem oder im Tempel, ferner V. 5 נפשי בתוך לבאם, dass seine Seele in der grössten Gefahr unter wilden, flammensprühenden Feinden sich befinde. Ferner das zweimalige סלה, wobei aber das erste V. 4 wieder eher als eine Trennung erscheint denn als Bezeichnung eines Chors: „Gott helfe mir, denn es lästert mein wutschnaubender Feind סלה" und unmittelbar darauf ישלח משמים ויושיעני חרף שאפי סלה ישלח אלהים חסדו ואמתי, während in V. 7 ein würdiger liturgischer Abschluss des ganzen Gedankens kenntlich ist: „Sie haben meinen Schritten ein Netz gebreitet, gruben vor mir eine Grube und fielen selbst hinein סלה," worauf vortrefflich das Sichaufrichten des Dichters in V. 8, 9 passt. נכון לבי אלהים zweimal hintereinander und ebenso zweimal hintereinander עורה. Hierzu kommt, dass der Dichter von einem L i e d e spricht, welches er mit נבל וכנור begleitet wissen will. Dass das Ich die Gemeinde Israels ist, beweisen auch die Schlusssätze, von denen möglich nur der letzte V. 12 als späteres Epiphonema gelten kann. אודך בעמים אדני אזמרך בלאמים, denn: „gross ist bis zum Himmel deine Liebe und Treue." So sehen wir, dass das Gedicht unstreitig zum Zwecke der L i t u r g i e abgefasst ist.

Psalm 59.

Ein doppelter Refrain V. 10, 18. עזו אליך u. s. w. Das
Gedicht zeichnet eine nationale Beziehung. Es ist die Rede
von den Feinden der frommen Gemeinde als Blutmenschen,
Lügner, Schmäher; von einer Belagerung Jerusalems ist V. 7
die Rede ויסובבו עיר. Die Überschrift, in welcher von einer
Episode aus dem Leben Davids (vergl. Samuel I 19) gesprochen
wird, steht ganz ausser Zusammenhang. Dass das redende
I c h   d i e   G e m e i n d e   I s r a e l s ist, geht ganz besonders
aus V. 5, 6 hervor. Da heisst es : Erwache עורה לקראתי, erwache mir entgegen und schaue, und unmittelbar darauf
ואתה ה' אלהים צבאות אלהי ישראל הקיצה לפקד כל הגוים, ebenso aus V. 14 ויסרו בי
אלהים משל ביעקב לאפסי הארץ סלה. Hinter V. 6 und 14 ist das סלה be-
zeichnend. Auch das in V. 12 „bringe sie nicht um, damit
mein Volk nicht vergesse, פן ישכחו עמי" ist in der ganzen Anlage
besser im Munde der Gemeinde, als eines Einzelnen zu verstehen ; auch ist bemerkenswert, dass sich unmittelbar ein
Plural anschliesst והורידמו מגננו אדני „stürze sie, u n s e r Schild,
m e i n Herr!"

Psalm 60.

Es ist ein Gedicht, bestimmt zu einem Gebete der
frommen G e m e i n d e aus einer Zeit schwerer Bedrängnis,
was auch die Einleitung besagt. V. 3 אלהים זנחתנו, V. 4 הרעשתה ארץ,
„Du hast das Land erschüttert, heile seine Brüche, denn es
wankt" הראית עסך קשה V. 5, und was auch die vier Schlusssätze
zeigen ; besonders V. 12 ולא תצא אלהים בצבאותינו. Auch V. 6 und 7
wie die Verbindung des V. 11 מי יובלני עיר מצור mit V. 12
הלא אתה אלהים זנחתנו, das wieder die Einleitung zu den drei Plural-
sätzen ist, ferner aus V. 5, wo עמך „dein Volk" vorkommt,
dem sich unmittelbar anschliesst „du gabst deinen Verehrern
ein Panier, sich zu erheben" מפני קשט סלה wegen der Wahrheit,
(vgl. Sprüche 22, 21), welches auf die göttliche Offenbarung hinweist, beweisen es. V. 8 אלהים דבר בקדשו, bekundet, dass von Gott eine
Offenbarung ausging : „Gott spricht in seinem Heiligthume,"
dass Ephraim und Juda zu Höherem berufen sind, während
die „anderen Völker Moab, Edom, Philistäa" u. s. w. eine

untergeordnete Rolle spielen oder verworfen werden. Aus der Zusammenstellung der Rede Gottes 8—10 mit 7 למען יחלצון ידידיך bei Plural — Ich הושיעה יסינך ועני und endlich aus der Darstellung der festen Zuversicht Israels, „dass eitel die Hilfe des Menschen, dass wir nur durch Gott siegen באלהים נעשה חיל והוא יבוס צרינו", geht auf das Unzweideutigste die liturgische Bestimmung des Psalms hervor.

Psalm 61.

In diesem Gedichte, welches zur Zeit eines in Jerusalem residierenden Königs abgefasst ist, was aus V. 7 hervorgeht, erblicken wir einen Gemeindedankpsalm in vier Strophen mit je zwei Versen, wobei aber zu bemerken, dass hinter V. 5, wie Ewald vermutet, ein Vers ausgefallen ist. Der Dichter stimmt einen Jubelsang an, verbunden mit einem Gebete V. 2 שמעה אלהים רנתי und dann הקשיבה תפלתי. Die These Ohlshausens, dass dieses Gedicht nicht für den Gottesdienst beim Heiligtum in Jerusalem bestimmt gewesen, sondern für den Synagogengottesdienst im Auslande, wobei er sich auf V. 3 stützt מקצה הארץ אליך אקרא, scheint durchaus nicht gerechtfertigt. Im Gegentheil glauben wir nach V. 4 „denn du wirst mir ein Schutz und ein mächtiger Turm vor dem Feind," annehmen zu dürfen, dass der Dichter nach einer siegreichen Schlacht seinem und seines Volkes Dank Ausdruck giebt, und dass das folgende אגורה באהלך עולמים die Folge dieses Sieges wird. Nicht, „ich möchte in deinem Zelte wohnen," sondern „nunmehr wohne ich in deinem Zelte ewiglich," d. h. sicher „und finde Schutz בסתר כנפיך d. h. in deinem Heiligtume" סלה V. 5. Bei solcher Auffassung würde V. 6 ebenfalls eine Fortsetzung sein : „Denn du, o Gott, hast mein Gelübde erhört, und darum gabst du ein Erbe denen, welche deinen Namen fürchten." V. 3 מקצה הארץ אליך אקרא heisst demnach, „auch wenn ich am Ende der Erde weilte, ich würde dich anrufen, so oft mein Herz trübe sich verhüllt, denn בצור ירום ממני auf dem Felsen der sich über mir erhebt, תנחני würdest du mich doch leiten," d. h. ich würde doch zur Höhe gelangen. Denn: V. 4 „du hast ja deinen Schutz mir

erwiesen" כי היית מהמה לי. In dieser Auffassung tritt zum Dank
das Gebet für den siegreichen König nun hinzu: ימים על ימי מלך
תוסיף שנותיו כמורר ורור, ישב עולם לפני אלהים V. 7 und 8, worauf der Dichter
verspricht, „also werde ich deinen Namen immer besingen
und bezahlen meine Gelübde fort und fort." Die erwähnte
n a t i o n a l e Beziehung, sowie die s t r o p h i s c h e Anlage
des Ganzen weisen auf die l i t u r g i s c h e Bestimmung hin.

Psalm 62.

Dieser Psalm hat 3 Strophen, die jedesmal mit einem
אך beginnen. In der ersten findet sich das אך sogar dreimal
V. 2, 3, 5, in der zweiten zweimal V. 6, 7. Hinter V. 5
und 9 findet sich סלה. Ferner sind V. 2 und 3 ein Refrain,
der in V. 6 und 7 mit nur geringer Änderung sich wieder-.
holt. Die Anlage des Psalms würde also unstreitig auf eine
gottesdienstliche Bestimmung hindeuten. Allein so ausgemacht
dies scheint, finden sich doch Wendungen oder Ideen hierin,
welche uns zum mindesten das Gedicht als z w e i f e l h a f t
erscheinen lassen. Denn in V. 4 ist die Rede von einem
Manne, über welchen die Feinde herfallen, um ihn zu morden.
Der Dichter fragt: עד אנה תהותתו על איש תרצהו כלכם, er redet weiter
V. 5, dass die Feinde raten, ihn von seiner Höhe zu
stürzen. אך משאתו יעצו להדיח, worauf der Dichter von seinem Gottvertrauen redet, das einzig und allein ihn stützt V. 6, 7, 8.
Eine Gemeinde könnte ferner nicht sagen V. 9: בטחו בו בכל עת עם
שפכו לבבכם אלהים מחסה לנו סלה „Volk, schütte vor ihm aus Dein Herz."
Würdet ihr euch aber auf Menschen stützen, so sage ich
ich euch V. 10: אך הבל בני אדם, nichtig sind die Menschenkinder,
Lug die Vornehmeren כזב בני איש במאזנים לעלות, was sie leisten,
ist gering von Gewicht wie eine emporschnellende Waagschale." המה מהבל יחד, „Die beiden, Arme oder Reiche, Geringe
oder Vornehme, sie sind — יחד — insgesammt ein Nichts; und
darum vertraut nicht ihnen und nicht ihrem Truge und
Raube, auch dann nicht, wenn sie durch den Hinweis auf
erlangte Macht euch bethören." אל תבטחו בעשק ובגזל אל תהבלו חיל כי ינוב
Der Dichter spricht nun einen Satz aus, der an die Offenbarung erinnert, und fügt hinzu, als ob er jetzt eine zweite

Offenbarung noch erfahren hätte: אחת דבר אלהים שתים זו שמעתי, nämlich, „dass Gottes allein die Macht sei," aus welchem Satze
Ewald geistreich schliesst, dass ein Prophet der Dichter sei
vielleicht Jeremias, dem oft Aehnliches zugestossen ist, wie
V. 4 und 5 besagen, „dass man· sich an ihn herangedrängt,
um ihn zu töten und ihn von seiner Höhe zu stürzen."
Auch der Schlussatz: „Gottes ist die Liebe, und er wird
vergelten dem Manne nach seinem Thun," ist kein späteres
Epiphonema, sondern stimmt vortrefflich zum ganzen Psalminhalte. Wir hätten es sonach, was die Form betrifft, mit
einem Individualpsalm zu thun, und da wir nicht entscheiden
können, zählen wir Psalm 62 zu den zweifelhaften.

Psalm 63.

Eine strophische Anlage fehlt in diesem Durst nach gött-
licher Hülfe sowie Sehnsucht nach Gottes Heiligtume verdolmetschenden Psalm. Der Dichter lebt fern vom Heiligtume
in einem dürren, wasserlosen Lande. Dies geht aus V. 2 hervor : בארץ ציה ועיף בלי מים Fern vom Heiligtume sehnt er sich
nach dem Anblicke des Ewigen. בן בקרש חזיתך לראות עוך וכבדך V. 3.
Er fügt hinzu, „dass Gottes Güte besser sei als das Leben,
und dass er deshalb so gerne seine Hände emporheben
möchte, um seinen Namen anzurufen. בשמך אשא כפי V. 5. Er
erinnert sich des Fettes der Opfer und der Dankeslieder,
die er dortselbst erschallen lassen möchte. כמו חלב ודשן תשבע נפשי
ושפתי רננות יהלל פי. Er spricht von seiner Lagerstätte, auf der er
dessen gedenkt und wie er beim Morgengrauen sich mit
diesem Gedanken beschäftigt. V. 7. „Würde Gott ihm helfen,
so möchte er frohlocken. בצל כנפיך V. 8, wobei כי היית עזרתה לי
als ein Bedindungssatz zu nehmen wäre. Er versichert weiter
V. 9 „wie seine Seele an Gott hängt, während die Feinde
ihn — den Dichter — verwünschen in die Tiefen der Erde
בתחתיות הארץ. Nun verwünscht Dieser auch sie mit den Worten
יגירהו על ידי חרב, „dem Schwerte gebe man sie preis, auf dass ihre
Leichen ein Anteil der Füchse seien." Der mit den Feinden
kämpfende König solle sich wieder Gottes erfreuen, und
jeder königstreue Fromme, der auf Ihn schwört, sich

rühmen: והמלך ישמח באלהים יתהלל כל הנשבע בו, wenn es eintreffen sollte
כי יסכר פי דוברי שקר, „dass verschlossen wird der Mund der Lügen-
redner", nämlich der Feinde. Es ist sonach das Gedicht
eines einzelnen königstreuen Dulders, fern
von der Heimat und dem Heiligtume, also ein
Individualpsalm.

Anmerkung: Hinzuzufügen wäre, dass die Annahme
der Erklärer, der Verfasser von Ps. 62 sei derselbe wie von
Ps. 63, weil in beiden ein König מלך genannt wird, sich
durch den Inhalt der beiden Psalmen kaum rechtfertigen
lassen dürfte.

Psalm 64.

Feinde bestürmen den Dichter, מרעים, מרגשת פעלי און; „mit
Lästerrede, die sie wie Schwert und Pfeil schärfen, über-
häufen sie ihn. Sie haben keine Furcht, schiessen auf ihn im
Geheimen." Des Weiteren beraten sie, wie sie die Fallstricke
ausbreiten, und bevor sie noch mit ihren Vorbereitungen
fertig sind, schleudert Gott plötzlich einen Pfeil gegen sie, und
sie straucheln. „Das sehen alle Menschen ein und verkünden
Gottes Werk". Die Anlage des Psalms ist nicht liturgisch.
Ob ein Ereignis im Hintergrunde ruht, ist fraglich. Ausgesprochen nationale Beziehungen finden sich in dem Psalm
nicht. Aber die traurige Lage der Israeliten in den verschiedenen Perioden ihrer Geschichte rechtfertigt wohl den auf-
steigenden Gedanken, dass es ein Gebet der Gesamtgemeinde
ist, was ganz besonders aus Darstellung der Gottlosigkeit jener
פעלי און zu erklären ist, V. 6 אמרו מי יראה למו. Demgegenüber
sowie angesichts ihrer Erwägungen erscheint plötzlich
der strafende Gott mit seinem Pfeile וירם אלהים חץ und zwar
פתאם und „die Zunge", von der oben V. 4 geredet
אשר שננו כחרב לשונם, ist hier V. 9 vor Gott gestrauchelt
ויכשילהו אלימו לשונם, d. h. „Gott lässt sie straucheln, dass der
Ausspruch ihrer Zunge auf sie selbst zurückfalle", was also
„Mass für Mass" bedeutet. Auch das in V. 7 schwierige
Wort תמנו חפש מחפש, welches zweifellos für תמו steht und das
da bedeutet: Sie sind fertig mit ihren Vorbereitungen, auf

die sie lange gesonnen mit ihrem ganzen Innern und einer Ver-
tiefung des Sinnes — ‏וקרב איש ולב עמק‎ — findet in V.
8 und 9 ein Gegenstück in dem Worte ‏סתאם‎ und ‏יתנודדו כל ראה בם‎ „es fliehen
alle, die ihre Freude an ihm hatten, denn sie sehen, wie
rasch Gottes Kraft das lang vorbereitete Böse der Menschen
vernichtet". Auch die hist. Erinnerung V. 10 „an die Werke
Gottes", welche alle Menschen verkünden, die Furcht bekommen, nämlich angesichts solcher Züchtigung, ‏וייראו כל אדם ויגידו‎
‏פעל אלהים‎, kann als eine Hinlenkung auf die Gemeinde
Israels angesehen werden, und ebenso klingt der wohl im
Zusammenhang stehende Schlussvers ‏ישמח צדיק בה' וחסה בו‎ mit dem
Plural ‏ויתהללו כל ישרי לב‎ liturgisch.

Psalm 66.

Ein strophischer Psalm, nach V. 4, ferner nach V. 7
und 15 ein ‏סלה‎ mit einer Doxologie ‏ברוך אלהים‎. Schon die Einleitung dieses als „‏שיר‎" Lied bezeichneten Gedichtes ‏הריעו לאלהים‎
‏כל הארץ‎ ist ein Aufruf an die Gesamtgemeinde; ebenso
die folgenden Sätze: „preiset seinen Namen, sprechet, wie
furchtbar sind seine Werke, die ganze Erde wird sich vor Dir
bücken und Dir singen ‏סלה‎". Dasselbe gilt von dem Aufruf
V. 5 „dass alle Welt die Thaten Gottes schaue, damit die
Abtrünnigen sich nicht erheben" und vom Aufrufe ‏ברכו עמים‎.
Der Hinweis auf die Geschichte Israels, darauf, „dass Gott
uns geprüft, uns in Schlingen gebracht, die Menschen über
unser Haupt dahin reiten liess, dass wir gekommen sind in
Feuer und Wasser, und dass Gott uns befreit hat," wobei zu
beachten ist, wie dieses im Plural ausgesprochene in inniger
Beziehung steht zu V. 13 ‏אבוא ביתך בעולות אשלם לך נדרי‎, sowie V. 15,
„ich bringe dir fette Opfer dar" ‏סלה‎., dann wieder: „höret,
ich erzähle euch, ihr Gottesfürchtigen, was er meiner Seele
gethan, wie er mich, nachdem ich ihn angerufen, erhöret
hat", lässt keinen Zweifel zu, dass es ein liturgisches
Gedicht sei.

Psalm 68.

Mit einer mit Numeri 10, 35 übereinstimmenden An-
rufung : יקום אלהים יפוצו אויביו וינוסו משנאיו מפניו beginnt dieser Psalm,
was darauf hinweist, dass es eine Zeit der Gefahr und Bedrängnis von Feinden sei, in welcher das Gedicht geschrieben
ist. Der Verfasser, der die Gemeinde in dem festen
Vertrauen auf einen glücklichen Ausgang zu einem Liede
auffordert, שירו לאלהים זמרו שמו V. 5 und von einem Wiederzurück-
bringen der יחידים, der Einzigen, d. h. Auserlesenen, in das Haus
und Befreien der Gefesselten, die in Banden schmachten,
redet, erinnert an den Auszug aus Egypten V. 8, an den
Sinai V. 9, an Gottes Erbe, Israel V. 10, an die vielen Kämpfe,
wobei es an Botschaftern von grossen Heeren nicht fehlt,
המבשרות צבא רב (V. 12.) V. 13—21 folgt eine hist. Fortsetzung, um
sich der Situation zu nähern, in der sich die Gemeinde Israels
befindet. Auch in dieser wird Gott uns seiner Hülfe würdigen, wie
V. 21 besagt. האל לנו אל למושעות (fast im Reim) ולה׳ אדני למות תוצאות
mit der Einleitung : „Gelobt sei Gott jeden Tag, an dem er uns
auflädt, nämlich Druck und Mühe — יום יום יעמס לנו האל ישועתנו סלה,
er, der Gott unserer Hülfe". So werde er auch jetzt den
Feind bezwingen V. 21—23 bis zur Thatsache wird : die
Heimkehr aus der Fremde מבשן (vielleicht ist an das Exil zu
denken) und dann : ראו הליכותיך אלהים haben sie geschaut deine
Schritte, o Gott, — es folgt die Einzahl הליכות אלי מלכי בקדש, die
Schritte meines Gottes, meines Königs im Heiligtume, oder
richtiger die Zurückführung Israels zu seines Königs Heiligtume, vielleicht in feierlicher Procession — מקהלות=הליכות
—; dann folgt der Dank. Von „Sängern und Musikanten" ist V. 26
die Rede : קדמו שרים אחר נגנים, die sich vereinigen zum Reigentanze
בתוך עלמות, bis sie dann gelangen zu den „in Chören auszu-
sprechenden Gottes-Benedeiungen במקהלות ברכו אלהים אדני ממקור ישראל".
Es folgt dann, dass nicht nur die Stämme Israels mit
ihren Fürsten, sondern auch „andere Völker zum Tempel in
Jerusalem wallen werden und Geschenke bringen — sogar
aus מצרים und Aethiopien", worauf der Dichter allen zuruft :
ממלכות הארץ שירו לאלהים זמרו אדני סלה. Er spricht von Gott erst als
dem Allmächtigen im Weltall V. 34 und dann על ישראל גאותו
ועזו בשחקים, wobei wieder die nationale Beziehung im Schluss-

verse 36 hervortritt נורא אלהים ממקדשיך, wie ja auch das Stück zwischen dem ersten und zweiten כלה V. 9—20 viele nationale Beziehungen aufweist. Zur Erklärung diene Folgendes: Nachdem von der wunderbaren Erhaltung des Gotteserbes נחלתך die Rede, folgt ein rätselhaftes Lied der Gemeinde, welches uns als eine Entgegenstellung Israels und der Feinde sowie deren Stimmungen anmutet: Der Ewige entbietet das Wort, אמר „und der Glücksbotinnen ist ein grosses Heer". (Die dem Kriegsheere eingereihten Männer können eben den Sieg nicht künden.) Was künden die מבשרות? Dass die מלכי צבאות d. i. die heidnischen fürstlichen Heerführer flüchten, während Israel als Bewohnerin des Hauses Gottes Beute teilt. Während ihr unter Hürden schlafet, ist Gottes Taube יונה (vergl. Jesaias 38, 14) geborgen, „ihre Flügel strahlen in Silber- und Goldschein". Freilich bleibt es fraglich, ob der Dichter, wie die Einleitung sagt, v o r oder, wie es gegen Ende des Ganzen lautet, n a c h der Schlacht dieses umfangreiche. kunstvolle Gedicht abfasste. Die strophische Anlage — zuerst 2 Strophen mit drei Versen, dann 7 Strophen von je 4 Versen (die mittelste V. 20—24 mit 5 Versen), das dreimalige סלה, die öftere Aufforderung, Gott zu singen, wobei der Gedanke an einen Chorgesang mit wechselnden Stimmen auftaucht, ganz besonders aber der in V. 25 hervorgehobene Singular אלי מלכי bei sonst durchgehendem Plural, mit Ausnahme der Stellen, wo von Aufrufen die Rede, wie z. B. V. 29 — צוה אלהיך — lassen keinen Zweifel zu, dass wir es mit einem l i t u r g i s c h e n G e m e i n d e p s a l m zu thun haben. Es dürfte hier am Platze sein, anzuführen, was Ohlshausen S. 286 sagt: „Der Psalm hat nicht den Zweck, eine besondere That, einen ausserordenlichen Vorfall zu besingen, sondern es tönt aus ihm eine Stimme mehr unter so vielen anderen und diesmal eine der beredtesten, klassischsten im C h o r d e s z u m O p f e r v e r s a m m e l t e n V o l k e s, allgemeine Gefühle, Erinnerungen, Hoffnungen der Frömmigkeit und des Nationalismus in jedem Jahre, bei jeder Feier wiederholbar, aussprechend und dichterisch adelnd".

Psalm 69.

Obgleich dieses schöne Gedicht, verfasst in einer Zeit schwerer Verfolgung, worauf schon die Einleitung V. 2 hindeutet; „Hilf mir Gott, denn das Wasser dringt mir an die Seele", V.5 „mehr als die Haare meines Kopfes sind meine Feinde umsonst" u. s. w., so manche Hinweise auf nationale Eigentümlichkeiten enthält und obgleich besonders gegen Ende Beziehungen auf den gottesdienstlichen Gebrauch der Gemeinde sich vorfinden, siehe V. 32 bis zum Schluss, in welchem die Rede ist davon, dass „Gott Zion helfe und aufbaue die Mauern Judäa's, dass Isral wieder dortselbst wohne und es besitze": so geht meine Vermutung dennoch dahin, dass der Psalm als ursprünglich i n d i v i d u e l l bezeichnet werden dürfte. Denn vor allem herrscht das p e r s ö n l i c h e I c h des Dichters fast in allen Sätzen und Wendungen vor. Der V. 5 אשר לא גזלתי אז אשיב, „was ich nicht geraubt, gab ich damals wieder", ferner V. 9 „ein Fremdling bin ich bei meinen Brüdern, fremd den Söhnen meiner Mutter." V. 11, 12, 13: „Ich trauerte und ward zum Gespötte denen, die am Thore sitzen und sich vergnügen." V. 18 מעבדך. תסתר פניך ואל, V. 30: ואני עני וכואב deutet unzweideutig darauf hin, dass der Dichter zunächst sich im Auge habe. Gewisse Sätze kennzeichnen uns den Dichter näher als einen frommen Abgesandten der Gemeinde, den man für einen שליח צבור um so eher halten dürfte, als noch heute in der Liturgie der Juden besonders drei Sätze aus diesem Psalm dem Vorbeter oder Gemeindedelegierten gelten. Es ist dies V. 7, 14 und 31. V. 7: אל יבשו בי קויך אדני ה' צבאות ואל יכלמו בי מבקשיך אלהי ישראל „es sollen nicht d u r c h m i c h zu Schanden werden deiner Hoffer Ewiger, Gott Zebaoth, und nicht zur Schmach werden durch mich, die dich suchen, Gott Israels." Dieses בי scheint de Wette richtig als „durch mich" übersetzt zu haben, nicht wie Ohlshausen „in mir". Es ist ein Zeugnis dafür, dass die Gemeinde in dem Dichter einen A n d a c h t s v e r m i t t l e r der Gesamtgemeinde erblickt. Ferner V. 14 ואני תפלתי לך ה' עת רצון אלהים ברב חסדך ענני באמת ישעך, was sich wieder vortrefflich eignet für denjenigen, der durch sein Gebet eine Gnadenzeit erfleht, wobei weniger an לעת als an עת תן רצון zu denken wäre, mit welchem Gedanken ja auch

5

der Dichter das Gebet einleitet, „dass ihn Gott erhöre und
nicht zur Schande werden lasse,denn er sucht nach Tröstern und
finde sie nicht" V. 21. Desgleichen spricht der Dichter V. 30:
„Wie arm und geplagt er sei, dass aber Gottes Hülfe ihn erheben könnte." In V. 31, die Zukunft ins Auge fassend, spricht
er: אהללה שם אלהים בשיר ואגדלנו בתודה, wobei er, der Andacht eine
grössere Kraft als den Opfern zuschreibend hinzufügt: „Dieses
mein „L i e d" u n d D a n k g e b e t" wird dann dem Herrn wohl-
gefälliger sein משור פר מקרן מפריס". Sollte dann die fromme Gemeinschaft der עניים solches schauen, dann werde sie sich freuen."
V, 33. „Ihr Herz wird aufleben, denn Gott erhöret die Dürftigen und verachtet seine Gefesselten nicht" V. 34. Hinge-
rissen von diesem Gedanken, wird „das ganze All sich seinem
Preise anschliessen", meint der Dichter in V. 35, während im
Hinblicke auf die gegenwärtige traurige Lage Zions er erhofft
כי אלהים יושיע ציון in V. 36 und וזרע עבדיו ינחלוה in V. 37. Man könnte
geneigt sein, die letzten zwei Sätze vielleicht als spätere
Nachschrift zu bezeichnen; sie passen zu der Stimmung
dieses, während der Zerstörung oder des Exils schreibenden
Psalmisten.

Psalm 70.

Zu diesem Klagepsalm ist zu bemerken, dass es kein neuer
Psalm ist, sondern mit wenigen Abweichungen ein Abriss des
40. Psalms. V. 14—18. Er kommt als ein besonderes Gedicht
nicht in Betracht.

Psalm 71.

Auch dieser Psalm, in welchem ausschliesslich vom Ich
die Rede, trägt augenscheinlich das Gepräge des P e r s ö n-
l i c h e n. Der Dichter spricht von seiner Zuversicht auf
Gott und wiederholt gar häufig, „dass er in die Jahre
komme", worauf hinweisen V. 5 מבטחי מנעורי, V. 6 עליך נסמכתי מבטן
ממעי אמי, V. 9 „verlass mich nicht, לעת זקנה, wenn meine Kraft
entfleucht." V. 16 אבוא בגברות d. h. in Parallele zu Psalm 90, 10
in Geburoth = 80 Jahre: „ich komme in das achte Jahrzehnt."
Die folgenden Sätze bestätigen solches. V. 17 und 18.
אלהים למדתני מנעורי „das, was du mich Gott von der Jugend an

gelehrt oder mir angewöhnt" נסלאותיך אניד הנה ועד „bis hierher verkünde ich es, nämlich deine Wunder"; dann wieder ונם עד זקנה ושיבה
אלהים על העוזבני auch „bis zum allerhöchsten Greisenalter verlasse
mich nicht, bis ich deinen Arm verkündet habe den kommenden Geschlechtern לכל יבא גבורתיך, allen denen, die du auch
kommen lassen wolltest in die durch deine Alliebe zu er-
reichende Zeit der „גבורות". Der Dichter spricht von den
vielen Leiden, die er erlebt, von der Erhebung aus den Ab-
gründen, die ihm Gott zuteil werden liess und schliesst: Je
grösser seine Herrlichkeit, und je näher Gottes Trost, desto
mehr wolle er Gott danken בכלי נבל V. 23 oder בכנור, wozu die
folgenden Sätze 23, 24 als ein würdiger Abschluss gelten
können.

III. Buch.

Psalm 73.

Es ist nach unserem Dafürhalten ein Individualpsalm, denn die Sprache, das Vorwalten des Ich, die
äusserst geringen Beziehungen auf Nationales, der Mangel
an strophischer Anordnung, die Reflexion, in der der Dichter
oft das Wohlsein der Bösewichter schaut V. 3 und das
ewige Rätsel betont: „Siehe die רשעים, und die שלוי עולם, die
Sorglosen der Welt erreichen die Macht, während ich, dessen
Herz und Hände rein, sehr geplagt bin." Es folgt das sinnige
Urteil, eingeleitet mit ואחשבה לדעת זאת: „Ich überdachte dies zu
erkennen," nämlich die Nichtigkeit und Eitelkeit solch auf-
keimender Zweifel an Gottes Gerechtigkeit — עד אבוא אל מקדשי אל
„bis ich komme zu Gottes Heiligtum, woselbst ich vernünf-
tiger werde und an das Ende jener Bösewichter denken
werde". Der Dichter schreibt ausserhalb oder fern vom
Vaterlande. Das geht hervor aus Satz 10 לכן ישיב עמו הלם. Ferner
aus dem eben genannten V. 17 „bis ich komme in Gottes
Heiligtum." Vielleicht auch aus V. 20 אדני בעיר צלמם תבזה „Herr in
der Stadt wirst du ihr Bild verachten", was sich auf die Bösewichter bezieht, wie wahrscheinlich auch das weiter in V. 27
genannte הרחיקך יאבדו „die sich von dir entfernen, werden zu Grunde
gehn". „Mir aber wird Gottes Nähe Glück gewähren — ואני קרבת
אלהים לי טוב—d.h. wenn die Zeit meines Sich-Gott-Näherns kommen
wird, „dann werde ich, gestützt auf Gott, erzählen כל מלאכותיך
alle deine Sendungen," d h. wozu ich ausgesendet worden,
auch ausserhalb der Heimat Gottvertrauen zu pflegen. Auch

die reflektierende Sprache in der Anführung des ewigen Rätsels von V. 11—17 und noch weiter dürfte sich weniger zu einem Stücke der Gemeindeandacht, als vielmehr für ein Lehrgedicht eines Einzelnen eignen.

Psalm 74.

In diesem Assaphpsalm, der gleich von vornherein עדתך קנית קדם d. i. der israelitischen Gemeinde als Gottesheerde צאן מרעיתך gedenkt, sowie des Zionsberges, auf welchem Gott geruht, giebt sich unzweifelhaft die liturgische Absicht zu erkennen. Die Feinde haben arg im Heiligtum gewütet, V. 3, haben Gottes Heiligtum verbrannt V. 7 und dadurch die „Residenz des göttlichen Namens" entweiht. In ihrem Herzen erdachten sie die Pläne und führten sie auch aus. שרפו כל מועדי אל בארץ V. 8. „Einen Propheten giebt es nicht mehr" אין עוד נביא V. 9. „Wie lange soll der Feind noch lästern, warum entziehst du uns deine Rechte?" V. 10. 11. Nach allen diesen Pluralen sagt der Dichter ואלהים מלכי מקדם „Gott ist mein König," was bei dieser Verbindung unzweifelhaft die ganze Gemeinde spricht. Es werden nun V. 13—17 die Grossthaten der göttlichen Allmacht in der Natur dargestellt אתה בקעת, אתה רצצת ,אתה פוררת, woran sich die Bitte schliesst: Gedenke auch unser זכר זאת אויב הרף ה' ועם נבל נאצו שמך, welches unstreitig auf die Nichtswürdigkeit des verheerenden Volkes sich bezieht. Ebenso V. 19, wo die Gemeinde Israels als „Gottes Turteltaube" — תורך — bezeichnet wird: „Gieb Gott nicht preis die Seele deiner Turteltaube den wilden Tieren, das Leben deiner Armen vergiss nicht in Ewigkeit." Dasselbe gilt von dem folgenden: הבט לברית „blick auf den Bund," d. h. mit Israel V. 20, 21: „dass es nicht arm und beschämt zurückweiche, sondern dass die jetzt Armen und Dürftigen יהללו שמך." Der Dichter fügt hier noch einen herrlichen Gedanken an: Die Schmach, die Israel erleidet, ist die Schmach Gottes selbst. „Schlichtest du unsern Streit, so schlichtest du damit auch deinen. קומה אלהים ריבה ריבך ,זכר חרפתך מני נבל כל היום , und als

erinnerte er noch an das die Gottesstätte entweihende Geschrei
der Feinde, die diese Stätte eben den Feuersgluten preis-
gaben, fügt er den Schluss hinzu : אל תשכח קול צורריך, „vergiss nicht
die Stimme deiner Widersacher" שאון קמיך עולה תמיד. Es ist sonach
kein Zweifel, dass dieser Psalm von vornherein als ein
l i t u r g i s c h e r bezeichnet zu werden verdient.

Psalm 75.

Die Einleitung dieses Assaphliedes, in welchem sich
ganz natürlich von V. 3—8 drei Verspaare abheben, während
die letzten drei Verse etwas isoliert stehen, wobei unverkennbar V. 10 den Schlusssatz bildete, beginnt mit einem
Plural : הודינו לך אלהים, „wir danken dir o Gott," הודינו וקרוב שמך ספרו
נלאותיך: wir danken wiederholt, und die deinem Namen nahen,
erzählen deine Wunder." וקרוב = וקרבי Es folgt dann die genannte Erzählung der göttlichen Wunderthaten in einer
Weise, als ob sie von Gott selber herrührte. כי אקח מועד: d. h.
Gott spricht : „Nehme oder wähle ich eine zur Versammlung
bestimmte Zeit, so richte ich nach Gerechtigkeit und es wankt
die Erde und ihre Bewohner. Ich habe ihre — der Erde —
Stützen befestigt" סלה. Weiter spricht die Stimme Gottes V. 5
bis 8 : „Ich sagte zu den Rasenden : Raset nicht; zu den
Frevlern, erhebet nicht euer Horn, redet nicht mit frechem
Halse, denn nicht vom Aufgang oder Untergang der Sonne
und nicht aus der Gebirgswüste, sondern von oben kommt
das Gericht," nämlich von Gott : כי אלהים שפט זה ישפיל וזה ירים. Diese
Stimme Gottes ist diejenige, welche V. 9 den Bösen des Landes
רשעי ארץ den Becher der Vergeltung verheisst : „Aus der Hand
des Ewigen werden sie den Taumeltrank ihres Untergangs
trinken." „Ich aber," d. i. Israel, „werde ewiglich solches verkünden und preisend dem Gotte Jakobs singen" V. 10
ואני אגיד לעולם אזמרה לאלהי יעקב. Der letzte Satz וכל קרני רשעים אגדע ist ein
Epiphonema, enthaltend ein Wort Gottes, das vorzüglich zu
V. 5 ולרשעים אל תרימו קרן passt. Zu den Frevlern sagte Gott, „erhebet nicht das Horn; ich werde die Hörner," d. i. die stolze

Macht der Frevler „umbauen, auf dass erhoben werden die
Hörner der Gerechten." Nach alldem wird die Annahme,
diesen Psalm als ein G e b e t d e r G e m e i n d e, wahrscheinlich
aus nachexilischer Zeit, zu bezeichnen, wohl ihre Berechtigung
haben.

Psalm 77.

Auch dieses Assaphlied mit dem dreimaligen סלה ist
unzweifelhaft ein l i t u r g i s c h e s. Der Dichter spricht von
seinem Flehen zu Gott in trostloser Zeit. Er gedenkt V. 6
„der Tage der Vorzeit," glaubt nicht, dass Gott in seiner Liebe
ihn verlassen könnte. Sollte denn für die Ewigkeit Seine
Liebe dahin sein? בטר אמר לדר ודר — Gilt doch Sein Wort für alle
Zeiten. V. 9, V. 12: „Ich gedenke der göttlichen Thaten;"
V. 13 „ich forsche nach in allen seinen Werken." V. 14
אלהים בקדש דרכך, V. 15 הודעת בעמים עוך und V. 16 „Du hast erlöst
mit deinem Arme dein Volk" עמך בני יעקב ויוסף סלה. Die weitere
Erinnerung an die „Führung Israels" in der Geschichte, welche
Führung den Menschen unergründlich (V. 20), schliesst hier
wieder mit der historischen Erinnerung — נחית כצאן עמך ביד משה ואהרן —
Bedarf es bei so ausgesprochener n a t i o n a l e r Tendenz
noch eines Beweises für obige Behauptung?

Psalm 78.

Auch dieses Assaphsche Lehrgedicht, worin der Dichter
das Volk aufruft, dass es „zuhöre den Worten seines Mundes"
V. 2 אפתחה במשל פי אביעה חידות מני קדם ist für die L i t u r g i e geschrieben. Denn schon die folgenden Sätze beweisen, dass das
I c h sich mit dem W i r identificiert V. 3. אשר שמענו ונדעם „was
w i r gehört, was w i r erfahren, was u n s e r e Väter u n s erzählt
haben" V. 4 לא נכחו מבניהם לדור אחרון, „wir wollen es nicht leugnen vor unsern Kindern, dass man auch noch den letzten
Geschlechtern verkünde" תהלרת ה'. Hieran schliesst sich V. 5

an ‏אשר צוה את אבותינו בישראל שם עדות ביעקב ותורה‎, „welches er befohlen hat ‏את אבותינו‎
unsern Vätern" u. s. w. Es folgt dann die Belehrung, dass
die kommenden Geschlechter nicht den abtrünnigen Vätern
gleichen sollen. Es werden die Wohlthaten Gottes vorge-
rechnet — V. 22 — und dabei hervorgehoben ‏כי לא האמינו באלהים‎
‏ולא בטחו בישועתו‎. Das Gedicht spricht von neuen göttlichen
Gaben, V. 23—32 hebt wieder die Sünden der Altvordern
hervor ‏בכל זאת חטאו‎, demzufolge sie Gott gestraft. „Sie gingen
wohl manchmal in sich, aber ihr Herz war doch nicht ganz
mit Gott". „Er aber ‏והוא רחום יכפר עון‎ (V. 38) zeigte immer seine
Barmherzigkeit, ihre Sünden zu verzeihen". Der Dichter erinnert an die Widerspenstigkeit des alten Israel, an die Ver-
suchungen Gottes, an das Vergessen seiner Wunderthaten in
Egypten, ihr Geführtwerden ‏אל היכל קדשו‎ V. 54 zu dem Berge, den
seine Rechte erworben," dann wie das eroberte Kanaan verteilt
worden und die Stämme in ihren Zelten wohnten. ‏וישכן באהליהם‎
‏שבטי ישראל‎. Sie aber waren treulos. „Da verliess Gott das Zelt
von Siloh," was sich wohl bei dem Ausgang der Richterperiode
vollzog, V. 60, und „Israel musste die eroberte Heimat verlassen." ‏ויתן לשבי עזו‎ V. 61. „Die Jünglinge, die Jungfrauen, die
Priester, sie wurden nicht geschont. V. 63, 64. „Endlich er-
wachte Gott wie ausdem Schlafe und schlug die Feinde zurück.
Er verliess dann wieder das Zelt Josef und Ephraim", was
sich auf die Teilung des Reiches bezieht ‏ויבחר את שבט יהודה את הר‎
‏ציון אשר אהב‎ V. 68. Der historische Rückblick haftet dann an dem
Aufbau des Heiligtums, das Gott für die Ewigkeit gegründet
hat, an der Erwählung Davids, seines Dieners, welcher berufen wurde, um von hinter den Schafen und Kühen her
eine andere Herde zu weiden, nämlich ‏ביעקב עמו ובישראל נחלתו‎, Jakob,
sein Volk und Israel, Gottes Erbe". David habe auch seiner Erwählung Ehre gemacht, denn — schliesst die Dichtung: — „er
habe sie geweidet mit der Aufrichtigkeit seines Herzens, und in
Vernunft hätten seine Hände sie geleitet". Es ist also ein
liturgischer Gemeindepsalm zur Belehrung über
den Gang der israelitischen Geschichte, wie V. 6 versprochen:
zum Zwecke des Wissens für die kommenden Geschlechter
‏למען ידעו דור אחרון‎".

Psalm 82.

Von Ps. 79—84 findet sich kein Ich. Ob der vorliegende 82. Ps. den Namen eines Ichpsalms verdient, weil darin
V. 6 אני אמרתי אלהים אתם steht, wäre nach unserer Ansicht zu ver-
neinen. Denn dieses Ich ist notwendig G o t t selbst. Gott
spricht zu den ungerechten Richtern: Ich dachte wohl, ihr
seid אלהים d. h. göttliche Richter, aber da ihr תשפטו עול, da
ihr ungerecht richtet, seid ihr eben keine „Elohim," sondern
אבן כאדם תמותון, und der Schlusssatz קומה אלהים שפטה הארץ, ist die Aufforderung der f r o m m e n G e m e i n d e, Gott solle an Stelle
der gottlosen Richter richten.

Psalm 84.

Schon der Beginn: „wie lieblich sind deine Wohnungen,
Herr Zebaoth", weist darauf hin, dass hier n a t i o n a l e
Gesichtspunkte vorwalten. Der Dichter spricht von seiner
Sehnsucht לחצרות ה׳. Daraus geht hervor, dass Gottes Heiligtum
stehe, dass aber der Dichter von ihm fern weilt; oder dass eine
nach dem Heiligtume sich sehnende israelitische Pilgerschaar
dieser Bewunderung der Gotteswohnung Ausdruck giebt. Es
scheint, dass nach V. 3 die Sehnsucht bereits gestillt worden.
„Auch der Vogel fand ein Haus" u. s. w., „also auch ich deine
Altäre, Herr Zebaoth, mein König und Gott". Wallfahrer,
die im jerusalemitischen Heiligtum bereits angelangt sind,
mögen es ausgesprochen haben. Passend wäre es, wenn nun
vom Hause Gottes aus die folgenden zwei אשרי von V. 5—9
als ein Gegenruf aus dem Heiligtume angesehen würden.
„Heil denen, die da weilen in deinem Hause, sie werden
dich fürderhin loben, סלה. Heil dem Manne, der in Gott
seine Zuversicht hat בלבבם, מסלות בלבבם, die in ihrem Herzen — oder
Sinne — die P i l g e r r e i s e zum Tempel vorhaben". Heil
denen weiter, die da hinüberschreiten über das Thal des
Weinens עברי בעמק הבכא, die dieses Thal zu einem fruchtbaren
Quell machen ישיתיהו מעין, die da von „Kraft zu Kraft" d. h.
trotz des ermüdenden Weges in fortwährend wachsender
Kraft gehen, ילכו מחיל אל חיל, um zu erscheinen vor Gott in Zion",

Die Wallfahrer antworteten V. 9 צבאות שמעה תפלתי האזינה אלהי יעקב סלה. ה' אלהים. Das Gebet der Wallfahrer, welches bis jetzt als „mein"
Gebet vernommen wurde, setzt sich fort V. 10 im Plural
מגננו ראה אלהים „siehe u n s e r Schild o Gott" d. h. unsere Stütze,
unsere Wehr, wobei hier zugleich an den „gesalbten König"
zu denken ist. והבט פני משיחך. Es folgt ähnlich wie in V. 2 der Gedanke, dass der „eine Tag in den Vorhöfen Gottes besser
sei als tausend, die man sonst in anderer Umgebung weilt."
Besser ist es הסתופף בבית אלהי d. h. „an der Schwelle פס liegen im
Hause Gottes als eine köstliche Wohnung haben in Zelten
des Frevels" מדור באהלי רשע. Beim Weggehen, wo sich das Gemüt
der Gemeinde so gehoben fühlt, mochte ihnen aber vom Heiligtume zugerufen worden sein : V. 12 כישמש ומגן ה' אלהים: „Gott
wird euch Gnade und Ehre geben, denn er versagt nicht das
Gute denen, die da fortgehen — להולכים בתמים — in Redlichkeit,"
worauf alle zusammen einstimmen in den Chorus V. 13 :.
„Herr Zebaoth, Heil dem Manne, der dir vertraut." Es ist
also sowohl in der strophischen Anlage, wie dem סלה, wie den
W e c h s e l c h ö r e n, die hier deutlich zu ersehen sind, die
n a t i o n a l - r e l i g i ö s e l i t u r g i s c h e Bestimmung zweifellos.

Psalm 85.

In Ps. 85, der da anfängt mit dem „Wohlgefallen
Gottes an seinem Lande," שבת שבות יעקב, in welches er zurück-
geführt hat „die Gefangenen Jakobs aus dem Exil" V. 2 und
V. 3 ihnen verziehen hat ihre Sünden סלה, sind wieder die Beziehungen zum israelitischen V o l k s t u m unverkennbar. Da
heisst es V. 7 ועמך ישמחו בך, da heisst es V. 9 ידבר שלום אל עמו ואל חסידיו.
Es ist die Rede davon V. 10, dass Gottes Heil nahe ist ליראיו,
und dass dieses Heil sich dadurch kund giebt, dass Ehre
und Herrlichkeit בארצנו in u n s e r e m L a n d e vorwalte. Im
Vaterlande herrscht Frieden, indem sich dort חסד ואמת נפגשו צדק
ושלום נשקו „Liebe, Recht und Frieden küssend berühren." Da
wünscht denn der fromme Dichter, Gott möge auch ferner
das Gute geben, und unser Land seinen Ertrag וארצנו תתן יבולה.

Denn wahrlich צדק לפניו יהלך „vor Gott geht ja stets die Liebe einher." Es findet sich in dem ganzen Psalm ein einziges Ich, das aber die klare Verbindung herstellt zwischen den Pluralen, von denen früher die Rede V. 9. אשמעה מה ידבר האל ה'. „I c h werde hören, was der Herr redet," das schliesst sich unmittelbar dem הראנו ה' חסדך „zeige u n s deine Gnade" an und dem folgenden Satze, wo von Gottes Volk, von seinen Frommen, von seinen Verehrern die Rede ist. Es ist also klar, dass das Gedicht von vornherein als Gebet der G e - s a m t h e i t betrachtet werden muss.

Psalm 86.

Dieser wenige Besonderheiten enthaltende, vorzugsweise dem Inhalte früherer Gebete ähnliche Psalm, welcher von „drohenden Gefahren," von „Übermütigen und Gewaltthätigen" redet, wird allgemein als ein l i t u r g i s c h e r P s a l m be- zeichnet. In der That wäre man geneigt, insbesondere aus drei Sätzen V. 8—11 אין כמוך באלהים. aus dem Hinweise auf כל גוים:, „alle Völker mögen kommen und dich anbeten", ferner ועשה נפלאות אתה eine solche Bestimmung herauszulesen. Auch זדים קמו עלי ועדת עריצים בקשו נפשי V. 14 könnte die Stimmung der Gesamtgemeinde wiedergeben, sowie das Allen geläufige אל רחום וחנון V. 15. Allein es ist unstreitig, dass im ganzen Psalm mehr die I n d i v i d u a l i t ä t des Dichters hervortrittt. So heisst es in der Einleitung עני כי עני ואביון אני, im 2. V. הושע עבדך, im 3. V. חנני אדני, im 4. V. שמח נפש עבדך, darauf weisen auch die folgenden Sätze hin. Auch V. 13 „du hast meine Seele gerettet" משאול תחתיה verbürgen durchaus nicht die These mancher Erklärer, als ob sich dieses auf das Exil bezöge. Liest man aber V. 16 „wende dich zu mir und sei mir gnädig, gieb Macht deinem D i e n e r und hilf dem S o h n d e i n e r M a g d לבן אמתך, so wird man ohne Zweifel von der vorgefassten Meinung, es spräche die Gemeinde solches aus, absehen. Da für die Entscheidung nichts Gewisses vorliegt, halten wir dieses Gedicht für ein z w e i f e l h a f t e s

Psalm 87.

Der zu Anfang und zu Ende etwas fragmentarisch er-
scheinende Psalm, wobei zwei Thatsachen in den Vordergrund
treten: die Verherrlichung der Gottesstadt einerseits und
andererseits eine Aufzählung von Völkern und Menschen,
woraus manche Erklärer auf eine veranstaltete Volkszählung
schliessen, ist entschieden zu den l i t u r g i s c h e n zu rechnen.
Denn er besingt in den ersten drei Sätzen: יסודתו בהררי קדש, ein
elliptischer Satz, zu dem das Vorderglied fehlt, etwa: wie schön
ist die Stadt des Herrn, seine Gründung auf heiligem Berge,
אהב ה׳ שערי ציון V. 2 und 3 „nur Achtungswertes wird von dir
geredet" עיר אלהים סלה. Das ist zweifellos ein inniger nationaler
Hinweis. Der Dichter, welcher die Pforten Zions als so
liebens- und achtungswert hinstellt, scheint nun auch die
sittliche Reinheit Israels betonen zu wollen, zu
welchem wohl die Aufnahme der Volkszahl den ersten Impuls
gegeben haben mag. (Vgl. Numeri 26², wo von einer Volkszählung die Rede nach der Pest wegen der sittlichen Ent-
artung durch die Töchter Moabs.) Diese Betonung der Sitten-
reinheit in geschlechtlicher Hinsicht wird den heidnischen
Völkern, mit denen Israel in Berührung kam, gegenüberge-
stellt: Egypten, Babylonien, Philistä t, Phönizien und Äthiopien.
Darauf geht אזכיר רהב ובבל לידעי. Mit רהב meint der Dichter nach
den meisten Erklärern Egypten. Ebenso der Schluss: ולציון יאמר
איש ואיש ילד בה והוא יכונגה עליון. Dieses ילד שם und ילד בה will sagen:
Israel, in der Bewahrung seiner Familienreinheit allein gehört
hierher, und wenn auch die genannten anderen Völker in
Zion lebten, oder vielfache Beziehung zu ihm hatten, an eine
Vermischung Israels mit ihnen sei nicht zu denken. Denn
ה׳ יספר בכתוב עמים Gott werde, wenn er die Völker aufschreibt,
also zählen oder beim Zählen angeben: זה ילד שם „dieses und
jenes Volk ist dort geboren", d. h. dürfe sich nicht als götzen-
dienerisches zu Israel zählen. Denn die שערי ציון sind eben
Pforten der reinen Gottesstadt, עיר אלהים, und das mag der Dichter andeuten, wenn er von der Stadt Gottes spricht; V. 3,
mit den Worten נכבדות מדבר בך „E h r s a m e s wird von dir geredet". Das Ehrsame besteht eben darin, dass eine Vermischung mit Heiden Israel fern liegt. Freilich mag die

Bezeichnung des „Dortgeborenseins" בה ילד in der Dichter-
phantasie durch den Gedanken einer Volkszählung entstanden
sein. Der schwierige Schluss בך מעיני כל בחללים ישרים ist wahrscheinlich etwas verstümmelt und passt auch wenig in den Zusammenhang; wörtlich : und die Sänger wie die Flötenspieler,
all meine Quellen sind in dir. Die Septuaginta liest statt der
Quellen מעין = Wohnung מעון ἡ κατοικία Man könnte jedoch
einen Zusammenhang folgendermassen herstellen : Da hier
von Geburt die Rede, kann das Bild der Quelle am Platze
sein. Und da der Sänger ein Lied des Jubels und der Freude
innerhalb der Mauern Zions singt, denkt er an die beim
Jubelsang beteiligten Sänger und Reigentänzer,
welche sonst auch beim hebräischen Gottesdienste vor-
kommen. (Vgl. Ps. 149[3].) Er meint also Alle, die wir Gott
als Sänger und Jubelnde in dieser heiligen Stadt dienen,
bilden einen Gegensatz zu dem, was von dem עמים ausgesagt
worden. שם ילד זה Wir aber, von deren Abstammung gesagt
worden בה ילד „wir seien hier geboren," meinen unsere Zu-
sammengehörigkeit mit Zion zu dokumentieren durch den
Hinweis darauf, dass unsere Altvordern hier gelebt, hier
ihre Heimat hatten, בך מעיני כל „unser Aller Quellen sind
in dir, der Gottesstadt und dem Gottesstaate Zion. Das
Subjekt מעיני „meine Quellen" ist nach dem Gesagten die
Gemeinde Israels.

Psalm 88.

Das vorliegende Gedicht, welches ein ähnlicher Klage-
und Bittpsalm ist wie Ps. 6, ist trotzdem sich darin, (V. 8
und 11) סלה findet und trotzdem die Überschrift zwei Sänger-
familien nennt בני קרה und היטן האזרחי, ein personelles. Der
Dichter sagt aus, dass seine Seele gesättigt sei vom Unglück
V. 4, dass er sich den Todten gleich glaube נחשבתי אין איל,
„wie ein Mensch ohne Kraft," dass er glaube V. 6 במתים חפשי,
„frei d. i losgelöst von aller Erinnerung unter den Todten
zu sein," worauf auch das folgende שכני קבר אשר לא זכרתם zielt,
ebenso V. 7 und 8. Er redet von der Entfernung seiner

Freunde, dass er sich vorkomme wie ein Eingesperrter
בלא ohne Ausgang אצא. Sein Auge thränt vom Elend und sein
tägliches Gebet unter gefalteten Händen lautet: הלמתים תעשה פלא.
V. 11 היסופר בקבר חסדך V. 12 היודע בחשך פלאך V. 13. Auch der folgende Gebetteil mit dem V. 16 עני אני וגוע מנער würde einer Gesamtheit nicht gut anstehen. Ebenso belegt der Schlusssatz
הרהקת ממני אהב ורע, dass der Dichter auf eine Thatsache in
seinem Leben hinweist. Er ist verlassen von Freund und
Genossen. מידעי מחשך. — Dieses schwierige Wort wird wohl in
Parallele mit V. 7 במחשבים, etwa so zu deuten sein: „Du Gott
hast von mir entfernt Freund und Genossen, sowie meine
Vertrauten במחשכי in meiner Finsternis, in der ich mich," wie
oben gesagt, „befinde." Wir haben es also mit einem Individualpsalm zu thun.

Psalm 89.

Der Dichter will den kommenden Generationen mit
seinem Munde Gottes Treue verkünden. So leitet er sein
Poëm V. 2 ein: „Ich sprach עולם חסד יבנה und du, o Himmel,
wirst festsetzen deine Treue in ihnen." Und nun erinnert
er an den göttlichen Bund mit seinem auserwählten
Diener David, wie er ihm zugeschworen hat: „Ich werde
deinen Thron für die Ewigkeit erbauen." סלה V. 5. „So mögen denn
die Himmel deine Wunder, o Gott, bekennen und ebenso
deine Treue in der Gemeinde der Heiligen." Es ist
also ein Hinweis auf die geschichtliche Erhebung Davids
und dessen Throns für die Ewigkeit. Und der Dichter will,
dass die gläubige Gemeinde auch jetzt diesen Glauben in
sich befestige. Er redet V. 7 und 8 von Gottes Allmacht,
und dieser Gott ist der Ewige אלהי צבאות also der Gott
Israels. Er schildert die gewaltige Herrschaft Gottes
über alle Welten, Meere, Berge und Windrichtungen,
verbindet, V. 14, mit der Allmacht die Gerechtigkeit und
Allliebe, gleichsam als bahnte er sich durch das Universum
den Weg zur kleinen Residenz Israels; und indem er solches

thut, ruft er dem Volke Israel ein Heil zu אשרי העם ידעי תרועה
V. 16. „Heil dem Volke, welches die Stimme des Jubels oder
des Posaunenschalls zum Jubel in dem Herrn versteht; die
in dem Lichte seines Angesichts wandeln, welche ferner mit
seinem Namen alle Zeit frohlocken und durch seine Gerechtigkeit sich erheben. כי תפארת עזמו אתה. Denn du bist der
Ruhm ihrer" d. h. Israels „Macht, וברצונך תרים קרנו „und in deinem
Wohlgefallen wirst du erheben unser Horn" V. 18. Der
Dichter identificiert sich also nun mit der Gemeinde Israels.
Dazu kommt noch V. 19. „Denn des Ewigen ist unser Schild
und dem Heiligen Israels gehört unser König." Im Anschlusse
an diesen ersten Teil und an das Wort „unser König"
erinnert der Psalmist an die Verheissung Gottes. הוון לחסידך
zur Zeit, da er David zum Könige gesalbt von Vers 20 bis 38
und dessen Thron er Bestand wünscht, „wie der Mond wird er
bestehen ewiglich" וער בשחק נאמן סלה. Und nun lehrt die Gegenwart, dass sich das Gotteswort, welches er einst in der
Prophetie seinen Frommen zugerufen, nicht erfüllt hat. Und
darum spricht er V. 39 ואתה זנחת ותמאס התעברת עם משיחך und spinnt
den Gedanken fort, bis er zur völligen Vernichtung des
Davidischen Thrones V. 45 ובמאו לארץ מנרתה gelangt. „Der König
oder der Messias ist nicht da, und ich frage, wie lange Gott
wirst du dich verbergen oder wie lange sollen wir hoffen
auf ihn? Unsere Zeit ist ja so kurz." זכר אני מה חלד „Gedenke
wie nichtig ich bin, zu welchem Nichts du uns geschaffen
hast." In dem Satze מי גבר יחיה ולא יראה מות spiegelt sich unstreitig
Israels Ungeduld, das „Nichterwartenkönnen" der sehnlichst
erhofften Wiederherstellung des Davidischen Thrones. Dieser
Ängstigung, dass die Gnadenzeit so lange auf sich warten lasse,
giebt der Poët Ausdruck: „Eine Generation stirbt nach der
andern hin. Das menschliche Leben ist von so unendlicher
Kürze," und er fragt: „Wo ist deine Güte Herr? wo dein
Schwur an David?" V. 50. Es folgt der Gedanke der
Schmach, welche die Nichterfüllung jener Verheissung nach
sich zieht. זוכר אדני חרפת עבדיך „Gedenke Gott der Schmach deiner
Diener." שאתי בחיקי כל רבים עטים, was wohl so viel heisst als mit
Beziehung auf das erstere חרפת: „Gedenke, dass ich (Israel)
in meinem Schosse trage die Schande von so vielen Völkern,"

שאתי בחיקי חרפת כל עמים רבים, wozu der Schlusssatz V. 52 vortrefflich
passt: אשר חרפו אויביך ה' „womit dich lästern deine Feinde, o
Gott" „indem sie lästern אשר חרפו die Spuren deines Gesalbten,"
d. h., dass man die oben genannte Zeit eben noch nicht
erlebt. Das Epiphonema V. 33 ist Doxologie zum Schlusse
des dritten Buches von späterer Hand geschrieben. Ohne
Zweifel haben wir es also, was diesen Psalm betrifft, mit
einem liturgischen zu thun, worauf auch die Sprache
(siehe עבדיך, חסידיך, עמים — שאתי בחיקי הרועה, צבאות u. s. w.) und die
vier סלה hindeuten.

IV. Buch.

Psalm 91.

In diesem erhabenen Psalme von der Macht des Gottvertrauens, wohl ohne strophische Anlage, erblicken wir ein
G e d i c h t m i t W e c h s e l c h ö r e n. Es führt sich ein redend
I c h ein; diesem wird geantwortet. Darauf wieder ein Ich mit
einer vorgesetzten Responsorie, worauf die Stimme Gottes hörbar
wird. Diese Anlage schon, sowie das auf eine historische Beziehung hinlenkende (V. 8) ותשלמת רשעים תראה, ferner der Univer-
salismus der Gedanken, welcher das Ich ungemein in den
Hintergrund treten lässt, wird wohl die Vermutung als eine
gerechtfertigte stützen, dass es ein vom Uranfang bestimmtes
l i t u r g i s c h e s G e b e t sei.

ישב בסתר עליון d. h. „wer da sitzet im Schirme des Höchsten,
wird weilen im Schatten der Allmacht", d. i. sicher ruhen.
Der Gedanke Ohlshausens, dass da ein אשרי fehlt, אשרי ישב ist
geistreich, aber vollständig überflüssig. Dieser Einleitungs-
satz, welcher in Kürze den ganzen Inhalt des Psalms giebt,
kann wie als Ueberschrift, so auch im liturgischen Gesange
als H a u p t c h o r d e r S ä n g e r gelten. Hierauf spricht
die Gemeinde: „Ja, ich spreche zu dem Ewigen, du bist mein
Schutz und meine Burg, mein Gott, dem ich vertraue". Der
Sängerchor wieder כי הוא יצילך: „er wird dich erretten, er wird
unter seinen Schutz dich bergen. Du wirst nicht fürchten,
du wirst mit deinen Augen schauen," u. s. w. die Sätze, wie sie
von V. 3—9 lauten. Wieder spricht die Gemeinde : כי אתה ה' מחסי
„Du, o Gott, bist meine Zuversicht עליון שמת מעונך, hoch setzest
du deine Zufluchtsstätte für uns," worauf der Chorus wieder
einfällt V. 10 לא תאנה אליך רעה: „Es wird dir (o Gemeinde) nichts
Böses widerfahren. Denn seine Engel entbietet er dir, dich

6

zu behüten auf allen deinen Wegen. Sie werden dich tragen auf den Fittigen, und Leu und Otter wirst du zertreten" u. s. w. V. 10—14. Und nun ist es, als ob die Stimme Gottes von der Höhe Allen zuriefe : כי בי חשק ואפלטהו „Weil Israel an mir Wohlgefallen hatte, darum habe ich es gerettet; es erhoben, weil es meinen Namen erkannte." „Es möge mich auch fürderhin anrufen, ich werde es erhören, denn ich bin stets mit ihm, auch in seiner Not, ich erlöse es, errette es, sättige es mit langem Leben und offenbare ihm mein Heil." V. 14—16.

Psalm 92.

Dieses Lied für den Sabbathtag שיר ליום השבת, noch heute als Sabbathpsalm in der Liturgie der Gemeinde Israels geltend, enthält einen universellen, einen philo· sophischen und einen nationalen Hauptgedanken. Einen universellen — der Dichter erfreut sich der göttlichen Werke V. 5 : „Denn du hast mich Ewiger mit deinem Werke erfreut. Ich frohlocke durch deiner Hände Werk." Er bewundert diese Werke V. 6 mit dem Worte : מה גדלו מעשיך ה׳. Dieser Gedanke an Gottes Schöpfung mochte wohl nach den in Mühen und Arbeiten verbrachten Werktagen der frommen Gemeinde die volle Inbrunst der Andacht, am Sabbath, dem göttlichen Ruhetage eingeflösst haben und diesen Psalm als Sabbathhymnus einzuführen veranlasst haben. Es ist ferner im Anschluss an die „Tiefe der göttlichen Gedanken," welchen der Dichter hier Raum giebt, — מאד עמקו מחשבתיך — eine philosophische Idee, der nur der Weise nachgeht, nicht aber der Thor, der es nimmer begreift, nämlich את זאת dieses, das Folgende : Die Idee der göttlichen Vergeltung, die den Psalmisten beschäftigt. בפרח רשעים כמו עשב „Wenn die Bösewichter aufblühen wie die Pflanzen, wenn sie knospen wie die Blumen: so ist es, um sie zu vertilgen für die Ewigkeit." Er spricht wie oben der Psalmist von den שלוי עולם, wenn es den Übelthätern wohl ergeht, so ist Gottes Gerechtigkeit doch nicht anzuzweifeln, denn es giebt eine Ewigkeit, an welcher jene nicht participieren. להשמדם עדי עד „Gewiss, du bist der Höchste und der Erhabene für die Ewigkeit." V. 9

Und nun gelangt der Dichter zu etwas Historischem. Von den רשעים Frevlern im allgemeinen kommt er auf איביך, „deine Feinde," welche zugleich meine Feinde sind. שורי oder hier שורי, denen gegenüber er die Gemeinde des „Frommen" צדיק stellt, denn siehe V. 10 „deine Feinde, Gott, sie gehen unter; aber erhoben hast du wie eines ראים Horn meine Macht," d. h. die der Gemeinde Israels. בלתי בשמן רענן (was wohl mit בלתני vom Stamm בלל salben, übergiessen gleichbedeutend ist,) „Du hast mich gesalbt mit frischem Öl, so dass meine Augen mit Lust auf meine Feinde blicken können angesichts deiner Vergeltung, und dass meine Ohren hören das Loos der sich gegen m i c h erhebenden מרעים". Dieses bringt mich auf den Gedanken, dass „der Gerechte blühen wird wie die Palme, und dass", die gepflanzt בבית ה׳ „auch fortan blühen werden בחצרות אלהינו in den Höfen unseres Gottes", was vermutlich auf den Tempel von Jerusalem geht. Dort werden sie auch in hohem Alter nicht aufhören, markig und grünend zu sein, damit verkündet werde meines, Israels, Gottes tadellose Gerechtigkeit. Es ist demnach nach allen Richtungen hin erwiesen — und auch die Sprache in dem Wechsel von Ich und Wir בלתי, אלהינו beweist es, ebenso der Gebrauch der Instrumente zu Anfang עלי עשר עלי נבל עלי הגיון בכנור V. 3 — dass der Sabbathpsalm ein l i t u r g i s c h e r G e m e i n d e p s a l m ist

Psalm 94.

Die Anrufung Gottes als Richter der Welt, אל נקמות der sich erheben soll zur Züchtigung oder Vergeltung über die נצים, beweist, dass der Dichter in einer Zeit schreibt, in der die G e m e i n d e I s r a e l s von Übelthätern hart bedrängt ist. Deutlicher schildert er ihre Unthaten in V. 5 עמך ה׳ ידכאו נחלתך יענו, wobei sie sich immer einbilden, solches sähe Gott, der Gott Israels, nimmer (V. 7.) Weise ermahnt sie der Dichter: „Sollte er, der das Ohr gepflanzt hat, nicht hören, und der Völker züchtigt, hier thatenlos bleiben?" V. 8—10 „Ihr seid im Irrtum, selbst die Gedanken, geschweige denn die Handlungen des Menschen kennt er wohl und wenn er uns nun heimsucht so ist diese Heimsuchung ein Mittel zur Tugend und Zucht.

V. 11, 12. „Diese Unterweisung durch böse Geschicke bringt die Frommen zum Frieden, להשקיט, „aber gräbt dem verstockten Bösewicht das Grab.". V. 13. Dem Heile dieser Unterweisung Gottes aber folgt auch „die Einsicht, dass Gott sein Volk nicht verstösst כי לא יטש ה' עמו ונחלתו לא יעזב und sein Erbe nicht verlässt". Dieser nationale Hinweis wird nun gestützt durch die im folgenden Satze ausgesprochene Gewissheit, dass „wenn diese Hülfe von Gott nicht käme, mein Fuss (Israels) wanken müsste". Solches aber bewirkt „Tröstung in meinem Innern, Erquickung und Friede". Zu dieser Seelentröstung gehört auch der Gedanke, dass zwischen dem Throne Gottes und dem des Truges keine Gemeinschaft bestehe. Denen gegenüber die יצר עמל עלי חק, d. i. die entgegen allem Gesetz und Rechte nur Leiden schaffen, indem sie sich auf die Seele des Frommen stürzen und unschuldiges Blut vergiessen, habe ich eine Waffe: Ich vertraue auf Gott, der Unheil über sie bringt, und der sie durch ihr Böses vernichtet. Der Schluss heisst: ה' אלהינו. Aus dem Ich der letzten Sätze מחסי, לי wird hier ein Wir, und dies „unser Gott wird sie vernichten" ist kein Epiphonema von anderer als des Dichters Hand, denn der Schlussatz יצמיתם hängt innig zusammen mit der Vergeltung, die in der Einleitung von dem אל נקמות gegen die Israel unterdrückenden עם עלי erbeten wird. Bei aller Reflexion des Dichters ist in diesem Psalm doch ein Prävalieren der Anschauung der israelitischen Gesamtheit offensichtig.

Psalm 101.

Es handelt sich hier um einen Herrscher, welcher auf seinen frommen Lebenswandel hinweisend, von einem Nächsten redet, der ihn verleumdet. V. 5 מלושני בסתר. Diesen wolle er vernichten, אותו אצמית. Desselben Hochmut veranlasst den Redenden, sich seine Genossen nunmehr bei den „Getreuen und Vertrauenswürdigen im Lande" zu suchen. עיני בנאמני ארץ לשבת עמדי. Ebenso soll der um seine Person waltende „Diener aus der Mitte der redlich Wandelnden" erwählt werden הלך בדרך תמים הוא ישרתני. — V. 8 enthält den Hinweis darauf, dass in der Gottesstadt viele Übelthäter weilen, welche der Redende ver-

nichten wolle להכרית מעיר ה' כל פעלי און. Nach alledem scheint der
Redende ein Herrscher zu sein, der an seiner Umgebung
trübe Erfahrungen macht in einer Zeit, da fremde Feinde
in der Gottesstadt sich aufhalten. Eine sonstige nationale
Beziehung ist im Psalm nicht zu finden. Auch eine strophische
Anlage fehlt. Nur die Einleitung V. 1 חסד ומשפט אשירה לך ה' אזמרה
könnte sich auf einen liturgischen Gebrauch beziehen. Doch
mag der Satz wohl aus späterer Zeit stammen, denn er steht
in losem Zusammenhang mit der durchaus individuellen
Anlage des Gedichts. Dieses erweist sich, wie gezeigt, auch
inhaltlich als ursprünglich individuell.

Psalm 102.

Es ist ein Gebet, welches der Autor von vornherein
für Gedrückte, ihr Herz vor Gott Ausschüttende, Mühselige
und Beladene abfasst תפלה לעני כי יעטף. Wenn auch von V. 2—12,
d. i. in der ersten Wendung, sowie von V. 24—26 von dem
Ich zu sehr persönlich gesprochen wird, sind doch mancherlei
Sätze vorhanden, die diesem Gedichte das Gepräge eines
liturgischen verleihen. Es ist nämlich die nationale
Sehnsucht in V. 14 אתה תקים תרחם ציון, welcher die Gemeinde in
einer Weise Ausdruck giebt, als ob sie die Zeit des Erbarmens
für Zion schon für gekommen glaubt. כי עת לחננה כי בא מועד. Ferner
V. 15: In Trümmern steht Zion, und der Dichter meint, selbst
das Trümmerwerk, die losen Steine seien ein Gegenstand
der Liebe der Diener Gottes, und diese blicken mitleidsvoll
auf Zions Staub hernieder. כי ראו עכדיך את אבניה ואת עפרה יחננו. Dem
Gebete reiht sich würdig der messianische Ausblick in die
Zukunft an: וייראו גוים את שם ה' וכל מלכי הארץ את כבודך. Nochmals wiederholt der Dichter konditionell: Dieses werde eintreten —: V. 17
כי בנה ה' ציון, „wenn Gott Zion erbaut haben wird, und dieses durch
seine Herrlichkeit neu erstehen würde", dann werde es aller-
wegen klar, „wie sich Gott zu dem Gebete der Verworfenen
wendet". (הערער im Kollektivsinne gebraucht.) ולא בזה את תפלתם und
„dieser Verachteten Gebet nicht verachten wird". Wieder blickt
der Dichter in V. 19 in die Zukunft, für welche er ebenfalls dies
geschrieben wissen will. תכתב זאת לדר אהרן ועם נברא יהללה, „es werde

dies geschrieben für die späteren Generationen, auf dass auch sie Gott loben". Solches wird die Folge sein der göttlichen Gnade כי השקיף ממרום קדשו: „Wenn Gott hinabgeschaut hat von seiner heiligen Höhe, um zu erhören das Gebet des Gefesselten, um zu lösen die Bande von den zum Tode bestimmten Kindern". V. 20, 21: Diese Erlösten werden dann verkünden den Namen des Herrn und sein Lob in Jerusalem." Allein der Dichter blickt weiter hinein in die messianische Zeit und meint nicht nur Israel, sondern „alle Völker werden sich dort einst verbinden, um Gott zu dienen" בהקבץ עמים יחדו וממלכות לעבד את ה'. An diese echt prophetischen und zugleich nationalen Hinweise knüpft sich die Bitte, „dass Gott dem Redenden das Leben erhalte, dass alles vergänglich sei, nur Gott nicht." Dies anscheinend Persönliche steht wohl in etwas losem Zusammenhang mit dem Vorhergehenden. Bedenkt man aber, dass ein Gefühl der Ungeduld über das zu lange Ausbleiben der göttlichen Gnade oben betont worden, V. 14 כי בא מועד, „es wäre wahrlich höchste Zeit für die Begnadigung Zions"; bedenkt man, dass in der ganzen ersten Wendung, in welcher der Dichter sein Leben wie einen Schatten dahinschweben sieht, als ob er die Ankunft dieser Zeit kaum erwarten könnte: so wird man das Persönliche auch der Schlusswendung hier nicht unpassend finden. Der Schluss בני עבדיך ישכנו וזרעם לפניך יכון scheint kein späteres Epiphonema zu sein, sondern will uns sagen, dass, wenn es dem Betenden selbst nicht vergönnt sein sollte, diese Zeit zu schauen, — „die Kinder der Gottesdiener, sie werden sie erreichen, ihre Nachkommen werden sicherlich im heiligen Lande wohnen". Aus alledem geht hervor, dass der Psalmist f ü r d i e G e m e i n d e schrieb und zwar in einer Zeit der Bedrängnis, in welcher Zion in Trümmern lag, wahrscheinlich in der babylonischen Gefangenschaft.

Psalm 103.

Hier sind die Überschrift und die Nachschrift ברכי נפשי את ה' ebenso wie im folgenden Ps. 104 ein Hinweis auf l i t u r - g i s c h e Bestimmung. Ob dieses ברכי נפשי mit dem Inhalte des Psalms in inniger Beziehung steht, ob dies nicht erst in späterer Zeit vor- wie nachgesetzt worden, ist nicht zu er-

mitteln. Doch das Folgende in V. 2 ברכי נפשי את ה׳ ואל תשכחי כל גמוליו
ist unstreitig das Wort des Autors dieses Psalms. Die chal-
däisirende Sprache תחלואיכי עונכי u. s. w. weist auf eine spätere
Zeit hin. Nationale Beziehungen finden sich in diesem Psalm.
Der Dichter spricht von den göttlichen Wohlthaten כל גמוליו,
von der Erneuerung der Jugendkräfte תתחדש כנשר נעוריכי, von der
Sättigung mit Güte, von der Krönung mit Liebe und Barmherzigkeit, von der Erlösung aus dem Verderben, von der
Heilung von Krankheiten, von der Verzeihung der Sünden
derer, die er mit „D u" „I h r" anspricht. Diese sind aber
die G e s a m t g e m e i n d e , und man kann für alle diese die
zweite Person des Plural setzen. (V. 2—6.) Hierzu kommt,
dass er ausdrücklich hinweist auf die Güte Gottes לכל עשוקים
V. 6 und hinzufügt: „Gott hätte Moses seine Weise kund-
gethan, und seine Thaten לבני ישראל" V. 7. „Er werde auch
fürderhin als ein Gott der höchsten Liebe nicht streiten oder
uns nachtragen". Und nun identificiert sich das I c h mit dem
W i r V. 10. לא כחטאינו עשה לנו ולא כעונתינו גמול עלינו Wer ist Wir? Das
sagt V. 11 : יראיו, die f r o m m e G e m e i n d e, und soweit der
Ost vom West, soweit entfernt er von u n s פשעינו unsere
Sünden. Der Plural wird fortgesetzt V. 13, 14 רחם ה׳ יראיו כי
הוא ידע יצרנ, der im vorigen Psalm ausgesprochene Gedanke
des Erwartens der göttlichen Gnade mit dem Hinweise auf
die Vergänglichkeit des Menschen folgt auch hier V. 16, 17.
„Der Mensch, seine Tage sind wie Gras, ein Wind fährt über
ihn dahin, und er ist nicht mehr". Aber die Güte des Herrn
V. 17 מעולם ועד עולם אל יראיו, und nicht nur diesen gegenüber, son-
dern auch deren Kindeskindern, d. h. wenn . sie s e i n e n
B u n d beobachten". V. 18 לשמרי בריתו ולזכרי פקדיו לעשותם. Alle diese
Sätze stehen in inniger Beziehung zu Israel. Darauf folgt
V. 19 bis zum Schluss die Aufforderung, dass „alle Sendboten
Gottes, alle Heere, alle Werke Gottes nicht nur Israel, G o t t
loben mögen". Denn „Seine Herrschaft erstreckt sich über
Alle" בכל משלה V. 19, welchem vollkommen der Schlussatz
V. 22 entspricht בכל מקמות ממשלתו, an das sich das oben erwähnte
ברכי נפשי schliesst. Es ist also eine offenkundige Hindeutung
auf die l i t u r g i s c h e A b s i c h t des Dichters.

Psalm 104.*)

In diesem vielbewunderten Naturpsalm, welchen nur noch die erhabene Naturdichtung in Hiob übertrifft, ist weder eine strophische Anordnung ersichtlich, noch ein aus dem Haupt-körper des Psalms ersichtlicher Hinweis auf nationale Be-ziehung. Nur der Anfang und der Schluss lassen die Ver-mutung aufkommen, dass es auch hier wie im vorigen Psalm ברכי נפשי ein Gemeindegebet sei. Abgesehen von Einleitung und Schluss ist der Satz ה' אלהי גדלת מאד הוד והדר לבשת eine an Ps. 8 ה' ארנינו מה אדיר שמך erinnernde Einführung in die Wunderthaten der Schöpfung und zwar wieder ebenso jüdisch. Wie oben ist nämlich ersichtlich, dass es sich nicht um die Naturschau sowohl, als vielmehr um das Verhältnis der N a t u r z u G o t t und um Gotteserkenntnis handelt. Nachdem der Dichter die göttliche Schöpfung genau der Genesis gemäss mit dem „Lichte" beginnt עטה אור כשלמה, zuerst den Himmel darstellt נוטה שמים und dann zur „Erde" übergeht, יסד ארץ, und von alle-dem redet, was in Höhe und Tiefe sichtbar ist, und wie das alles von Gott erhalten wird, kommt er zu dem Dienste, den die Natur dem „Menschen" leistet von V. 14—17, (man kann füglich sagen bis Vers 23) und ruft entzückt aus: מה רבו מעשיך ה' „Wie gross sind deine Werke, Gott!" Gleichsam als ob noch etwas vergessen wäre, folgt das Grandiose, Aussergewöhnliche, was nicht Allen sichtbar, das „Meer" in seiner Grösse, die „Ungeheuer", welche allesamt von der Hand Gottes sich sättigen und der Gedanke an Entstehen und Vergehen, Sein und Nichtsein. V. 29: „Leben und Tod" hängt von dem Herrn ab: תשלח רוחך יבראון יתחדש פני אדמה V. 30, worauf V. 31 wie ein C h o r u s d e r G e m e i n d e sich ausnimmt יהי כבוד ה' לעולם ישמח ה' במעשי. Der etwas lose Gedanke V. 32 המביט לארץ ותרעד wäre besser früher am Platz gewesen. Allein der Dichter will wiederholt die göttliche Allmacht hervorheben, nachdem er von seiner Freude an Gottes Werken sprach. Er fügt dann hinzu, dass das, was er eben ausgesprochen und dessen er sich freut,

---

*) Dieser Psalm ist in meinen „Psalterklängen" ausgehend von Talmud Berachoth 10 behandelt worden und diente mir als Leitfaden zu einer homilet. Einleitung in den Inhalt der Psalmen. (Hamburg 1894. Goldschmidt's Buchhandlung.)

ein Vorwurf zu lebenslänglichem Sang sei — שיר זמר, שיח —
„und dass dieses von ihm gesungene Lied — שיח — dem
Ewigen wohlgefalle" : אשירה לה' בחיי und V. 34 שיחי עליו. — יערב עליו שיחי. — V. 35

יתמו חטאים מן הארץ mit dem folgenden ברכי נפשי auf eine nationale
Beziehung hindeutend, auch eigentlich nicht im geringsten
Zusammenhange mit der Naturhymne stehend, ist ein
späteres Epiphonema, das wohl der Bearbeiter oder Sammler
mit Fug und Recht diesem Gottesjubel angeschlossen. Denn
wer die Werke Gottes so besingt, dessen Gottdurch-
drungenheit lässt weder Sünden noch Sünder aufkommen.
Es ist noch zu erwähnen, dass hier dem ברכי נפשי das liturgische הללו יה angeschlossen ist und das in zwei Worten
mit מקף.

Psalm 106.

Die Einleitung הללו יה und הודו לה' כי טוב ist eine liturgische
Formel, die häufig wiederkehrt, und die wohl aus späterer
Zeit herrühren dürfte. Das ebenfalls liturgische Epiphonema
V. 48 ist Doxologie zum Schlusse des IV. Buches ברוך ה'
אלהי ישראל מן העולם ועד העולם .. ואמר כל העם אמן הללו יה vergl. Chronik I,
16, 36, in welche dieser Satz übergegangen ist. Dass das
redende Ich die Gemeinde Israel ist, ist klar zu
ersehen, schon aus V. 4, wo das „Ich" mit dem „Volke
Gottes" in einem Satze genannt wird, זכרני ה' ברצון עמך „Ge-
denke mein, o Gott, mit dem Wohlgefallen an deinem Volke";
ferner V. 5. לראות בטובת בחיריך „zu sehen das Glück deiner Erwählten,
sich zu rühmen mit deinem Ruhme." Darauf kommen die
Plurale V. 6 : חטאנו עם אבותינו „wir haben gesündigt" u. s. w.
Es folgt dann eine geschichtliche Übersicht, ähnlich wie die in
Ps. 78, aber doch verschieden, indem es sich hier mehr um
die Reue nach Erkenntnis der Schuld Israels in der alten
Geschichte und um Anerkennung der besonderen göttlichen
Gnade handelt, was besonders hervorgeht aus den Gedanken-
reihen der Sätze von V. 39—45. Der Dichter spricht, „dass
Gott ihr Leid geschaut, als er ihr Flehen vernommen, siehe
da gedachte er seines Bundes und bereute nicht die Fülle
seiner Gnade"; er schliesst die historische Schau mit

7

V. 46 ויתן אותם לרחמים לפני כל שוביהם Dieser Überblick führt endlich
zu der unmittelbaren Gegenwart der isr. Gesamt-
gemeinde, die zerstreut lebt unter den Völkern, und die
da wünscht sich gesammelt und geeint zu wissen, um im Heiligtume Gottes Lob zu verkünden, worauf V. 47 hinweist
הושיענו ה׳ אלהינו וקבצנו מן הגוים. Es mag also mit der Abfassung dieses
Psalmes seine eigene Bewandnis haben, wie Ohlshausen meint,
dass es ein Lied sei, „zunächst für den Gottesdienst
einer unter den Heiden" lebenden Gemeinde be-
stimmt. V. 48 ברוך ....אמן.... הללו יה ist — wie gesagt Doxologie zu
Ende des IV. Buches.

V. Buch.

Psalm 109.

Dieser Psalm trägt das Gepräge des I n d i v i d u e l l e n.
Zunächst klingt die Sprache fast durchwegs persönlich. So-
dann scheint hier ein E r e i g n i s vorzuliegen. Der Dichter
spricht von einem רשע, von einem „Frevler," dem er Gutes
gethan, und der ihn hasst und umsonst verfolgt V. 2—6. In seiner
Erregtheit flucht er ihm gar arg, verwünscht sein Leben,
auf dass seine Kinder Waisen und seine Frau Witwe werden,
ferner dass die Kinder betteln gehen, dass ein Satan ihm zur
Rechten stehe, dass Gläubiger Schulden bei ihm einziehen,
und dass Fremde seinen Erwerb plündern, dass sich keiner
seiner Waisen annehme, dass selbst in kommenden Generationen der Name seiner Sprossen nicht genannt werde ימח שמו,
dass selbst die Sünde seiner Väter vor Gott genannt werde
וחטאת אמו und auch die d e r M u t t e r V. 6—16. Der Grund
dafür: V. 16 - 18 וירדף איש עני ואביון, weil Jener lieblos diesen
armen Mann למותת bis zum Tode verfolgte. ויאהב קללה ותבואנו ולא חפץ
בברכה ותרחק ממנו וילבש קללה כמדו. Aber nachdem er ihn verwünscht,
bittet er Gott um Hilfe, denn er wäre „wie ein Schatten,
wie eine leicht abzuschüttelnde Heuschrecke, leicht wankend
vom Fasten und abgemagert an Leib, eine Schmach vor Allen,
die ihn ansehen." V. 19—25 „Würde Gott ihn erhören, dann
sollten jene nur fluchen. Wenn Gott segnet, so werden sie
doch zu Schanden." ועבדך ישמח V. 28. In dieser Weise kann nur
ein E i n z e l n e r sprechen. Ebenso V. 30: „Ich danke dem
Ewigen nun sehr mit meinem Munde" ובתוך רבים אהללנו in der
M i t t e d e r V i e l e n will ich ihn loben. Es ist also
nicht der leiseste Zweifel, dass dieses Gedicht in origine
der Gemeindeandacht nicht dienen konnte.

Psalm 110.

Das vorliegende rätselhafte und zu enträtseln äusserst
schwierige Gedicht scheint sowohl dem Inhalte als auch der
Sprache nach (מלא גויות, של ילדתיך, על רבתי Parallelen in Daniel und
Kohelet) einer späteren Zeit anzugehören. Es ist ferner in
einigen Sätzen verstümmelt, sodass man z. B. V. 3 mit den
einzelnen Teilsätzen im allgemeinen nichts anzufangen weiss.
Zwischen V. 6 und 7 ist unbedingt etwas ausgefallen, was
sich auf den in Rede stehenden K ö n i g אדני, מלכי צדק bezieht.
Denn während bei ידין בגוים unstreitig Gott das Subjekt ist,
kann es bei מנחל בדרך ישתה nur der König sein. Es handelt sich
in diesem Psalm nach unserm Dafürhalten um ein E r -
e i g n i s , i n w e l c h e m e i n K ö n i g , w e l c h e r
z u g l e i c h P r i e s t e r i s t , etwa aus der hasmo-
näischen Zeit, in die Schlacht zieht. D e r D i c h t e r
w ü n s c h t i h m G l ü c k u n d m e i n t , e r h ä t t e v o n
G o t t s e l b s t e i n e n S p r u c h v e r n o m m e n , d e r
S i e g v e r h e i s s t. נאם ה' לאדני „Also lautet der Spruch des
Ewigen an meinen Herrn: Weile bei meiner Rechten, bis
dass ich deine Feinde gemacht haben werde zum Schemel
für deine Füsse." Diesem Ausspruch Gottes fügt der Dichter
seinen Wunsch hinzu V. 2 מטה עוך ישלה ה' מצינך „den Stab
deiner Macht möge dir Gott von Zion senden," d. h. den
Stab zur Erlangung deiner Macht, „auf dass du herrschest
über deine Feinde." Der rätselhafte folgende Vers dürfte
nach unserer Meinung bei geringer Emendation in den
Rahmen des Ganzen vortrefflich passen. Der Dichter versichert den König auch der L i e b e s e i n e s V o l k e s ,
dass sein Volk auf heiliger Stätte Opfer bringend, Sieg für
ihn erflehen werde, der da erfolgt, so seine Kräfte und die
seiner Mannschaft frisch und ungebrochen im Kampfe bleiben.
Wir würden also lesen : עמך נדבת ביום חילך בהדרת קדש מרחום משחר טל ילדתך
d. h. „d e i n V o l k m i t f r e i w i l l i g e n G a b e n (בנדבות)
— a m T a g e d e i n e r H e e r e s m a c h t e n t f a l t u n g
— a u f h e i l i g e r S t ä t t e — בהדרת קדש. f ü r d i c h e r f l e h t
e s — meschacher — v o m A l l e r b a r m e r — merachum — (anstatt
des unverständlichen מרחם משחר = מרחום משחר) d e n T a u d e i n e r
J u g e n d ," טל ילדת heisst die Frische der jungen Mannschaft, aus-

gedrückt durch das bestrickende Bild „Tau der Jugend." Der
Dichter versichert weiter dem König, dass er nicht nur vernommen
habe in V. 1 den Gottesspruch sondern auch einen Gottes-
schwur: „Gott hat zugeschworen und er bereut
nicht sein Wort: נשבע ה' ולא ינחם, על דברתי. Wie lautet der
Eid? — „Du wirst fürderhin auch Priester
bleiben." על דברתי מלכי — אתה כהן לעולם Die Meisten übersetzen: „nach Art des Malki-Zedek" mit Hinweis auf Genesis
14, 18 auf jenen König von Salem, Malki Zedek, der als
Priester des höchsten Gottes ein Vorbild der Priesterkönige
zu Jerusalem abgeben könnte, was auf hohepriesterliche
Könige bei den Hasmonäern anwendbar wäre. Vielleicht wäre
es aber klarer und bei der zweifellos stattgehabten Verstümmelung dieses Psalms empfehlender, also zu lesen:
נשבע ה' ולא ינחם על דברתו, אתה מלכי, כהן צדק, לעולם „Gott hat geschworen und wird nicht Reue haben über
sein Wort (על דברתו) statt (דברתי) du mein König (vergl.
Ps. 2 מלכי von Gott genannt) wirst (fortan) sein der
כהן צדק der Priester der Gerechtigkeit in
Ewigkeit." Die Gerechtigkeit, die den Thron
Davids gründet und festigt, soll eben bei diesem Priesterkönige sich offenbaren, und der Dichter weist in V. 5, 6
auf sie hin, indem von gerechter Vergeltung ידין — יום אפו —
die Rede ist. „Er, der an seinem Zorntage Könige
verwundet hat V. 5 ידין בגוים מלא גויות מחץ ראש על ארץ רבה, er
wird richten die Völker, ידין בגוים, wird ihnen das
Haupt verwunden ימחץ ראש, sodass auf weitem
Erdstrich על ארץ רבה מלא גויות eine Fülle von Leichen
sichtbar wird." Nun die Lücke: Der König, der auf
diesem grossen, leichengefüllten Landstrich kraftlos zusammen-
bricht, ermüdet, erschöpft, durstig, ohne Labung, ohne einen
Tropfen Wasser, nach welchem er schmachtet, den er aber
auch, sofern er auf diesem Leichenfelde vorhanden wäre, nicht
geniessen kann, wird nun vom Dichter ermuntert, sich,
aufzuraffen, das Schlachtfeld hinter sich lassend zu einer
wasserhaltigen Strasse vorzudringen, um mit den Seinigen die
Kräfte neu zu beleben. מנחל בדרך ישתה, „er der König,
werde schon auf dem Wege einen Bach finden,

aus dem er seinen Durst stillen werde, demzufolge er sein Haupt wieder erheben wird.“
So aufgefasst, dürften alle Schwierigkeiten dieses rätsel-
haften Individualpsalms überwunden sein.

Psalm 111.

Es ist ein ursprünglich für die Gemeinde bestimmtes
Gedicht in alphabetischer Anordnung nach Halbversen, wobei
die Aufschrift יה הללו wohl wie bei allen Hallelujahpsalmen
ursprünglich als eine liturgische Formel zu betrachten ist. Das
Gedicht hat in einigen Sätzen Hindeutungen auf nationale Beziehungen, so V. 4 זכר עשה לנפלאתיו. V. 5 זכר לעולם בריתו טרף נתן ליראיו Am
allerklarsten geht dies aus dem folgenden 6. und dem 9. Verse
hervor. In V. 6 heisst es: die Kraft seiner Werke hat
er verkündet לעמו „seinem Volke,“ um ihm zu geben נחלת גוים,
„das Erbe der Nationen“ und V. 9 : פדות שלח לעמו „Erlösung
sandte er seinem Volke, befahl auf ewig seinen Bund.“ Es
ist also ein nach einer Befreiung vom feindlichen Joche ab-
gefasster alphabetischer Psalm. Vers 10. ראשית חכמה יראת ה׳ ist.
eine nach Proverbia 1 7 und 9 10 im Volksgebrauche vorge-
fundene sprichwörtliche Redensart. Das folgende שכל טוב לכל עשיהם
ist mit dem früher genannten Gottesbunde oder כל פקודיו in
Verbindung zu bringen, und es heisst: ein gutes Gelingen
wird folgen Allen denen, die jene פקודים ausüben. Der V. 10
enthält die drei letzten alphabetischen Buchstaben ר״ש״ת und
schliesst mit dem schönen, gewiss wieder die Gemeindeandacht voraussetzenden Worte תהלתו עמדת לעד.

Psalm 116.

Dieser ohne Überschrift uns vorliegende Psalm, der
mit einem הללו יה schliesst, scheint nicht ursprünglich für die
Liturgie abgefasst worden zu sein. Denn er enthält deut-
liche Spuren persönlichen Charakters, worauf schon
die Einleitung אהבתי כי ישמע ה׳ hinweist. Der Dichter, der etwas
aramaïsiert, wie z. B. למנוחיכי, תגמולוהי, בתוככי, was selbstverständlich
in späterer Zeit erklärlich, lebt ausserhalb Jerusalems, trägt

in seiner Brust ein glühendes Verlangen nach dem Heiligtume, erfährt so viel Leid, dass er von „Banden des Todes
und Fesseln der Unterwelt" redet, die ihn treffen, wobei er
aber in der Macht seines Gebets und im felsenfesten Vertrauen
auf Gott seine Erlösung schaut und verspricht, dafür die von
ihm gethanen Gelübde vor dem ganzen Volke zu bezahlen.
Wofür? — V. 8 „Denn du hast errettet meine Seele vom Tode,"
V. 10 bedeutet: „ich vertraue oder vertraute in dem Augenblicke, da ich sprechen musste: Wie bin ich doch so gebeugt, da
ich in meiner Übereilung denken musste כל האדם כזב, wie trügerisch
das Sichstützen auf irgend einen Menschen sich erwiese". Was
den Dank — מה אשיב — betrifft, haben merkwürdigerweise sowohl
die Septuaginta als einige alte Übersetzungen nach V 9 בארצות
החיים einen neuen Psalm begonnen, was aber entschieden
unnötig ist, da der Dichter, der eben erlöst wurde und sich
vornimmt, בארצות החיים zu wandeln, sein Vertrauen um so mehr
befestigen konnte, und dem folgenden Danke מה אשיב eine that-
sächliche Begründung zu geben vermochte. Auf diesen
Dank weist der geweihte Becher hin, כוס ישועות אשא, den er froh
im Kreise seines Volkes (wie beim liturgischen Gebrauch
jeder Sabbath- und Festesweihe, קידוש, im Judentum üblich)
erheben wollte, was auch das folgende ובשם ה' אקרא illustriert.
Zweimal spricht der Dichter von seinen Gelübden in V. 14
und 18, die er verspricht, נדרה נא לכל עמו „angesichts des ganzen
Volks zu bezahlen." Der schwierige V. 15 „teuer ist in den
Augen des Ewigen der Tod seiner Frommen", will wohl
sagen, dass Gott auf ihr Leben einen besonderen Wert legt,
da sie ihm dienen und ihn verherrlichen. Darauf folgt: „Ach
Ewiger, ich bin dein Knecht" אני עבדך בן אמתך d. h.: Ich habe an
mir selbst erfahren, da ich von den Fesseln der Unterwelt
umgeben, wie wert dir mein Leben. פתחת למוסרי „du hast mir
meine Fesseln gelöst," und daher meine grosse Sehnsucht, „dir
in deinem Hause, in Jerusalem, angesichts des ganzen
Volkes, was ich gelobt, zu erfüllen". Eine Gemeinde kann,
wie bereits oben gesagt, nicht gut אני עבדך בן אמתך sprechen. Es
ist also ursprünglich ein Individualpsalm.

Psalm 118.

In diesem nicht wohl strophisch angelegten, aber unverkennbar für W e c h s e l s t i m m e n ausgearbeiteten Psalm
erblicken wir ein Stück l i t u r g i s c h e r P o e s i e, wie es
das ganze Altertum kaum wieder aufweist. Es ist die Rede
von der feierlichen Darbringung eines Dankopfers, worauf
V. 24 בעבתים חז אמרו hindeudet. Der Dichter redet auch von
überstandenen Gefahren. V. 18 יה יסרני יסר, auch von zurück-
gewiesenen Feindseligkeiten V. 10, 11, 12, 13. „Die Feinde
haben mich umgehen". לנפל דהיתני דחה. Es kann nicht zweifelhaft
sein, dass das erwähnte Dankopfer öffentlich bei einer
Dankesfeier des ganzen Volkes dargebracht worden ist.
Hierbei gewinnen wir einen Einblick in die Art der Dankes-
liturgie. Es sind Wechselstimmen, die bald von C h o r -
f ü h r e r n oder Priestern, bald von der G e m e i n d e gesungen
deutlich zu Gehör kommen. Der Vorbeter singt: „Danket dem
Herrn, denn er ist gütig", worauf die Gemeinde einfällt: „denn
ewig währet seine Gnade". Jener: יאמרו נא בית אהרן, ,,יאמרו נא ישראל, יאמר נא ישראל
יאמרו נא יראי ה', worauf die Gemeinde immer in den Refrain
כילעולם הסדו, einstimmt. Das ist die Einleitung. Was jetzt folgt
von V. 5—18 gilt als G e b e t d e r G e m e i n d e. „Ich
war in Not, aber מן המצר קראתי יה Gott hat mir geholfen". „Feinde
umgaben mich, ich war nahe daran, zu fallen, Gott hat mir
geholfen". Der wohl im Volke lebende Chorus aus dem alten
biblischen Mosesliede Exodus 15² עזי וזמרת יה ויהי לי לישועה gelangt
hier in V. 14 trefflich zur Geltung. Die Hilfe Gottes erfüllt
Allesamt mit קול רנה וישועה und nährt die Hoffnung auf Fort-
bestand, so dass sie hinzufügen: לא אמות V. 17 „ich werde
fortleben und Gotteswerke immerdar erzählen". „Wohl hätten
sie gelitten, aber dem Tode preisgegeben würden sie nimmer".
V. 18. Die versammelte Gemeinde wünscht nun Einlass um
Gott zu dienen und ruft V. 19: פתחו לי שערי צדק. „Öffnet mir die
Pforten der Gerechtigkeit", d. i. des Tempels, dass ich dort
meine Dankesandacht durch das Opfer vervollständige; worauf der Priesterchor antwortet: זה השער לה', „das ist die Pforte
des Herrn, die Frommen, d. i. die fromme Gemeinde, mögen
einziehen". V. 20. Drinnen angekommen, betet die Gemeinde:
„I c h danke dir אודך" woraufjene, hinweisend auf die Geschicke

Israels ausrufen: „Sehet den Stein, die die Bauleute verachtet haben, er ist zum Eckstein geworden". Hierauf die
Gemeinde oder die Priester: „Von wem ist solches gekommen,
was so wunderbar in unseren Augen ist? Von dem Herrn"
מאת ה' היתה זאת. Alle stimmen nun in den Chorus V.
24 ein:
זה היום עשה ה' נגילה ונשמחה בו. Mit dem Lobgesang verbindet der
Chorus, wie dies meist der Fall, zugleich die Bitte um
weitere Hülfe und weiteres Gedeihen. V. 25. אנא ה'הושיעה נא אנא ה'
נא הצליחה, Hier nehmen angesichts des Dankesopfers die Priester
das Wort zur Begrüssung : ברוך הבא בשם ה' „Also begrüssen wir
euch vom Hause Gottes her". V. 27. Allmächtig ist Gott
ויאר לנו, er hat uns sein Licht leuchten lassen", worauf sie
das Geheiss geben, das Festopfer nunmehr mit Seilen an die
Ecken des Altars zu binden. אסרו חג בעבותים. Und wieder erschallt
der Jubelsang des Dankes vonseiten des ganzen Volkes
V. 28. אלי אתה ואודך אלני ארוממך. Ob das folgende הודו V. 29 ein
späteres Epiphonema, dürfte hier zweifelhaft sein, weil ja auch
wie die Überschrift, so auch die Einleitungssätze den Chorgesang כי לעולם חסדו enthalten. Es wird also V. 29 ebenso zum
Vortrag gelangt sein, wie V. 1. Aus dieser Anordnung ist
es deutlicher als sonstwo zu ersehen, dass das Gedicht von
Anfang an für den Gottesdienst bestimmt war.

Anmerkung: Von grossem Interesse dürfte es sein, zu
erfahren, dass schon der Talmud, Traktat Succa 38a, von einer
Absicht des Dichters, für die Gemeinde zu
schreiben, in Bezug auf diesen Psalm etwas äussert, was im
allgemeinen nicht bekannt sein dürfte. Er fragt: „Wie haben
die Israeliten am Meere gesungen?" Die Antwort lautet:
„Wie Vorbeter und Gemeinde." Moses begann: „Ich
singe dem Herrn!" und sie sprachen: „Ich singe dem Herrn!"
„So verhält es sich auch mit gewissen Psalmen, worauf die
Nachbeter mit הללו יה einstimmten, oder das wiederholten, was
der Vorbeter gesagt. Giebt es doch einen ganzen Psalm, wo von
einem Preise הודו am Anfange und am Schlusse (gemeint ist
Ps. 136 genannt „das grosse Hallel") die Rede ist." Nun ist
es merkwürdig, dass der Talmud noch weiter geht als die
meisten Exegeten, die V. 5—21 der Gemeinde zudiktieren,
indem er selbst diese Sätze als Wechselstimmen hin-

stellt. Er weist darauf hin, dass in jedem Satze von V. 5
bis 21 sich der Name Gottes — welchen sowohl Vorbeter als Gemeinde aussprechen sollten — findet und auch
Wiederholungen stattfinden, was voraussetzt, dass diese
Wiederholungen meist daher rühren, dass ein Satz vom Vorbeter, der andere von der Gemeinde gesprochen wird; aber
das, was wiederholt wird, muss immer den Namen Gottes
enthalten. So: Vorbeter V. 5: „Aus der Bedrängnis rufe ich
Jah an." Gemeinde: „Es erhörte mich zur Freiheit Jah."
Vorb.: „Gott ist mit mir, ich fürchte nicht." Gem.: „Gott
ist unter meinen Helfern." Vorb.: „Besser ist zu vertrauen
dem Herrn als Menschen." Gem.: „Besser ist zu vertrauen
dem Herrn als den Fürsten." V. 10. Vorb.: „Alle Völker
umgeben mich בשם ה' כי אמילם." Gem.: V. 11, 12 „Ja sie umgeben mich בשם ה' כי אמילם. Im Namen Gottes vernichte ich sie."
V. 13. Vorb.: „Du hast mich gestossen, um zu fallen, aber
Gott half." Gem.: V. 14. „Mein Sieg und mein Sang ist Jah."
V. 15. Vorb.: „Die Stimme des Jubels in den Zelten der
Frommen. ימין ה' עשה חיל׳ Gem.: V. 16. „Die Rechte des Herrn
ist erhaben" u. s. w. V. 17. Vorb.: „לא אמות כי אחיה" Gem.:
„יסר יסרני יה, aber dem Tode giebt er mich nicht preis." Ebenso
verhält es sich mit V. 19 und 20, wobei aber V. 19 wohl von
der Gemeinde, während זה השער von dem Vorbeter gesprochen
werden. Also erkennt der Talmud schon, in dem Hauptkörper
dieses Psalms den Wechselvortrag an, und so kann es uns
nicht wundern, wenn die alten Ordner der jüdischen Liturgie
im Hallelvortrage von אודך, V. 21—25, wo Doppelsätze nicht
vorhanden, die Verdoppelung beim Gesange angeordnet
haben. (Siehe das hebräische Gebetbuch.) Abgesehen hiervon
dürfte es aber von höchstem Interesse sein, zu erfahren, dass
schon im Talmud die obschwebende Frage: ob der
Dichter für den Gottesdienst gewisse Poëmata abgefasst oder ·
nicht, nicht nur berührt, sondern geradezu bejaht wird.

Psalm 119.

Dieses achtfache Alphabetikon — 22 Strophen von je
8 Versen — innerhalb jeder Strophe jeder Vers mit demselben Anfangsbuchstaben, wobei jede Strophe als ein Gedicht
für sich anzusehen wäre, ist, was die Sprache betrifft, ungemein einfach und verrät durchaus keine erhabene poetische
Meisterschaft. Es scheint ausserhalb Jerusalems oder in weiter
Ferne von Zion geschrieben worden zu sein, was aus dem
Schlusssatze: „Ich irre umher, wie ein irrendes Schaf"
תעיתי כשה אבד, sowie aus V. 51 זרים הליצני עד מאד, oder früher V. 46 „ich
rede von deinem Zeugnisse נגד מלכים vor Heidenkönigen" her-
vorgehen dürfte. Es ist ein Gebet aus der Zeit grosser Not
und Bedrängnis, denn es ist viel von Trostsuche darin die
Rede. Es ist nach unserer Ansicht ein Individualpsalm,
abgefasst zum Zwecke der Belehrung von einem Autor, der
sich in seiner Frömmigkeit mit dem Studium des Gesetzes
befasst, in welchem er einzig und allein jenen Trost zu
finden glaubt, von dem die Rede war, wie er ausdrücklich
sagt V. 50: „Das ist mein Trost in meinem Elend, dass mich
dein Wort hat am Leben erhalten." Oder V. 92: „Wäre
deine Lehre nicht mein Ergötzen, ich wäre schon lange in
meinem Elend untergegangen." Es ist boch interessant, dass
in diesen 176 Versen fast kein einziger zu finden ist, in dem
nicht der Hinweis auf Gottes Lehre in die Augen
fiele. Bald ist es תורת ה, Gottes „Lehre," bald עדותיו seine
„Zeugnisse," bald פקודים „Verordnungen," bald משפטיך „Rechte,"
bald מצות „Gebote," bald הקים „Gesetze," bald דבריו „Worte,"
oder אמרות „Aussprüche." So geht es durch alle Teile des
Gedichts. Der Individualismus in der Anlage, der Mangel an
nationalen Beziehungen, der Gedanke, dass der Beter nur
in der Einzahl von עבדך „deinem Diener" redet, ganz besonders aber auch das Faktum, dass der Autor von abtrünnigen Glaubensgenossen viel erduldet haben
muss, von Männern, die sich von den religiösen Gesetzen entfernt
haben, die er als „Thoren" „Einsichtslose" oft schilt, über
welche er V. 136 „bittre Thränen vergiesst deshalb, weil
sie abgefallen." פלגי מים ירדו עיני על לא שמרו תורתך oder V. 150 קרבו רדפי זמה
מתורתך רחקו oder V. 157, 158 „Viele verfolgen mich; ich sah

viele Treulose, welche deine Lehre nicht halten," wogegen
er hervorzuheben sich bemüht, „dass es denen gut gehen
müsse, die Gottes Thora lieben", V. 165 שלום רב לאהבי תורתך — :
all das beweist, dass wir es mit einem didaktischen Gebete,
ursprünglich ganz p e r s ö n l i c h e n Charakters, zu thun
haben.

Die Wallfahrtspsalmen.

Die folgenden 15 Psalmen von 120—135, gewöhnlich
Stufenlieder, שיר המעלות genannt, die wahrscheinlich in der gegenwärtigen Fassung und Reihenfolge dem Sammler vorgelegen, (vergl. Ohlshausen Einleitung zu den Psalmen S. 32)
sind anscheinend alle l i t u r g i s c h. Die Übertragung des
Wortes המעלות in Septuaginta und Vulgata „Stufen" (cantica
graduum) [Talmud, Traktat Succa 56, bringt diese Gesänge mit
den Levitenchören „an den Stufen der sogen. Halle Israels" in
Zusammenhang], wobei die Tradition diese Gesänge in auf-
steigender Reihenfolge nach einander vortragen lässt, scheint
bei der Verschiedenheit des Inhalts eine unhaltbare Ansicht
zu sein. Desgleichen die Meinung Gesenius' von einem stufen-
weise fortschreitenden Rhythmus, der in diesen Liedern
herrschen soll. Aller Wahrscheinlichkeit nach handelt es sich
hier um G e s ä n g e f r o m m e r W a l l f a h r e r nach
Jerusalem und dem Tempel. Ob die Ü b e r s c h r i f t e n
שיר למעלות wobei bei einigen „David" bei einem „Salomo"
genannt wird, schon den Sammlern vorgelegen? — Das ist
schwer zu entscheiden. Aus allen Deutungen dieser Überschrift geht das eine aber klar hervor, dass diese Gedichte
mit dem Gottesdienste zusammenhängen, und der Inhalt derselben — oder wenigstens der meisten derselben — bestätigt
dies. Von diesen 15 Psalmen heben wir hier nur a c h t als
I c h p s a l m e n hervor.

Psalm 120.

Wenn in diesem Psalm auch nur ein einziger Satz,
nämlich V. 5, von einer nationalen Beziehung redet, „wehe
mir, dass ich wohnte in Meschech, dass ich weilte bei den

Zelten Kedars," während die andern Sätze etwas individuell
klingen, so „von der Not des Dichters," „von seinen Hilfe-
rufen gegen die lügnerische Zunge" bei der Frage „was
eine solche dem Lügner fromme," in dem V. 6 „lange weilte
ich bei denen, die den Frieden hassen" : so dürfte es doch
ausser Zweifel sein, dass da die Gemeinde Israels oft mit
solchen „Feinden des Friedens" in Berührung gekommen,
denen sie nach Deuteronomium 20, 10 וקראת אליה לשלום den
Frieden angeboten hatten. Sie aber weisen solches Ansinnen
zurück. Darauf scheint V. 7 Bezug zu nehmen. אני שלום וכי אדבר
„Ich bin für Frieden, aber als ich von ihm redete, wurde
ich von den Friedensfeinden abgewiesen המה למלחמה, denn sie
sind für Krieg." Auch das Wort רבת V. 6, welches in
Ps. 129, V. 1, 2 רבת צררוני zweifellos die Sprache Israels
ist, dürfte diese Annahme stützen ; endlich auch der Hinweis
auf Gott, der ja angesichts der verwundenden Zunge der
Feinde angerufen wird, worauf sich V. 4 beziehen dürfte,
nämlich in der Bedeutung : „was nützt euch eure trügerische
Zunge, sehet ihr denn nicht, wie die Pfeile des Allmächtigen
geschärft sind nnd gegen euch niederfahren ?" Es kann nicht
befremden, dass Wallfahrer auf der Pilgerreise nach Zion
Erinnerungen austauschen dessen, was ihnen widerfahren,
wobei sie der Völkerschaften, V. 5, gedenken, in deren Mitte
sie sich aufhielten. Freilich sind die hier genannten Orte
höchst unbestimmt. משך wollen Einige דמשק Damaskus lesen.
Rabbinische Erklärer beziehen es auf Babylon, also auf
das Exil. עם אהלי קדר wohl die Gebiete um Arabien, wo sie an
den dort aufgeschlagenen Beduinenzelten oft vorbeigekommen
sein mögen. Das עם = אצל würde dazu passen. Indes bleiben
bei allen Erläuterungen der verschiedenen Exegeten diese
geographischen Punkte unaufgehellt. Möglich, dass an Genesis 10, 2 gedacht wurde, wo משך als Sprosse des J a p h e t
gilt, während קדר ein Kollektiv für die Völkerstämme von
C h a m, zu denen כוש מצרים, und andere gehören, sein dürfte,
womit die Sprossen S e m s sich der widerfahrenen Leiden
אויה לי erinnern, die sie in den Ländern Japhets und Chams
auszustehen hatten.

Psalm 121.

In diesem Psalme gewahren wir W e c h s e l s t i m m e ñ. Das Ganze besteht aus 2 Teilen. Eine einzelne Stimme beginnt אשא עיני אל ההרים und sucht nach Hilfe, wonach die Gemeinde vertrauensvoll antwortet: „Meine Hilfe kommt von Gott." Hierauf die Bestätigung des letzteren vom Priesterchore. „Gott wird deinen Fuss nicht wanken lassen," worauf Alle einstimmen in den Chorus : „Siehe, es schläft und schlummert nicht שומר ישראל !" Der andere Teil von V. 5—8 erscheint wieder als Bestätigung des Vorhergehenden. „Ja wohl, der Hüter Israels." von dem gesagt wurde, dass er nicht schlummert, wird dich behüten, dass dir weder am Tage, noch in der Nacht ein Leid geschieht, dass du behütet werdest vor allem Bösen, aber auch deine Seele". Hier passt der Wunsch an die in Zion Aus- und Eingehenden trefflich : ה' ישמר צאתך ובואך „Gott behüte deinen Aus- und Eingang." Den Wallfahrern, die wohl in der Nähe des Zionsberges „ihre Augen erheben zu den Bergen", und die nach dem Eintritte in das Heiligtum und nach der stattgehabten Andacht bald wieder an den Fortzug und das Nachhausekommen dachten, musste dieser Wunsch höchst willkommen sein.

Psalm 122.

In diesem Psalm ist ein klarer Übergang von der Einzahl zur Mehrzahl ersichtlich. „Ich freue mich, wenn man zu m i r sagt: lasst u n s in das Gotteshaus gehen" und dann V. 2 : „Es standen u n s e r e Füsse, רגלינו, in deinen Thoren, Jerusalem." Es ist die Erinnerung Israels oder besser der Wallfahrer, die mit einander in V. 3—6 die geläufigen an die Gottesstadt sich knüpfenden Reminiscenzen austauschen. Sie sagen, dass Jerusalem vollständig aufgebaut הבנויה d. h. ehe es zerstört, stets eine Stätte der Verbindung und Einigung aller Israeliten insgesamt gewesen. כעיר שחברה לה יחדו — (wohl in Anbetracht der gegenwärtigen Pilgerschaft dahin), eine Stadt sei, in der sich Alle brüderlich zusammenfinden. Auch mögen sie an die Wallfahrten zur Zeit der drei hohen Feste gedacht haben, zu denen das mosaische Gesetz sie (Deut. 16, 16) verpflichtete, „um nicht ohne Opfergaben vor

dem Angesicht des Herrn zu erscheinen." Auf dieses weist
hier V. 4: „Denn dahin zogen die Stämme Gottes עדות לישראל
nach dem Zeugnis — d. i. der Gotteslehre — Israels, um
dem Namen Gottes zu huldigen." Sie denken weiter V. 5
כסאות למשפט der Stühle gerechter Rechtsprechung während des
Thronbestandes des Hauses David. In V. 6 ist es, als riefe
die Ziongemeinde den Wallfahrern zu, dass sie Jerusalems
Wohlfahrt erflehen sollen שאלו שלום ירושלם — mit dem Wunsche:
„die dich, Gottesstadt, lieben, mögen glücklich sein " Diesen
Aufruf beherzigend, sprechen die Pilger den Glückwunsch
aus: V. 7: „Friede sei in deinen Mauern, Ruhe und Sicherheit in deinen Palästen." Es mag nun dieser Jerusalem be-
glückwünschenden Gemeinde ein Chorus geantwortet haben
V. 8 und 9. „Um meiner Freunde und Brüder willen, will
ich nur von Wohlfahrt und Frieden, die in dir walten
sollen, sprechen!" Wieder geht das Ich mit fast demselben
Gedanken in Wir über. למען בית אלהינו „Um unseres Gottes
Hauses willen, wünsche ich dir (vielleicht dem Wallfahrer)
„Gut Glück!" אבקשה טוב לך. — Wechselchöre, nationale
Beziehungen und das Aufgehen des Ich in Wir, welches
hier Jedermann in die Augen springt, bestätigen unsere
Ansicht.

Psalm 123

zeigt dasselbe. Eine einzelne Person scheint אליך נשאתי את עיני
auszusprechen. Aber schon in V. 2 wird dieses Ich zum
Wir: „Wie die Augen der Knechte zu der Hand ihres
Herrn כן עינינו אל ה' אלהינו, also sind unsere Augen zu dem
Ewigen gerichtet," worauf V. 3 das Gebet folgt חננו ה' חננו,
„sei uns gnädig Gott, denn wir sind satt der Schmach". Die
erlebte Schmach wird mit dem charakteristischen רבה (s. oben)
geschildert und deren Urheber bezeichnet. רבת שבעה לה נפשנו
„lange Zeit schon ist unsere Seele satt des Spottes der
Sorglosen, הבוז לגאיונים der Schmach, womit uns die Hoffärtigen
überhäuften." Es sind also auswärtige Israeliten, die angesichts des heiligen Tempels, woselbst sie ihre Augen erheben zu dem, der im Himmel thront, ihr Herz ausschütten.

Psalm 129

mit der Einleitung רבה צדרוני מנעורי verdolmetscht aufs deutlichste
wer das I c h sei : יאמר נא ישראל I s r a e l erinnert sich der
Vergangenheit V. 2, aller der Leiden seiner Volksjugend
in Egypten. רבת צדרוני מנעורי, aber die רשעים der Heidenvölker
hätten ihnen nicht beikommen können. „Sie zogen den Pflug
über m e i n e n Rücken, Gott aber zerschnitt die Seile der
Frevler, V. 3 und 4, so dass sie beschämt zurückweichen
mussten, sie, die Zion hassten, כל שנאי ציון V. 5. Diese Feinde
haben ein trostloses Ende. Sie sind tot vor ihrem Tode,
was das Bild herrlich wiedergiebt : „Sie gleichen den Gräsern
der Gärten, welche trocken sind, ehe man sie ausrauft, und
die Vorübergehenden können sie unmöglich segnen," was
wohl ein versteckter Hinweis ist auf die jetzt nach Zion
Wallenden, denen man nunmehr einen Segensspruch zuruft.
Hierauf passt vortrefflich : V. 8 ברכנו אתכם בשם ה׳ d. h. zu Jenen
sagte man nicht : „Der Segen Gottes komme auf euch". Uns
aber, die wir Zion lieben und zu ihm wallfahrten, rufen
jetzt Israels Scharen zu : „Wir segnen euch mit dem Namen
des Ewigen."

Psalm 130 und 131.

Dass bei den Wallfahrten auch vielfältig an S ü n d e n-
v e r g e b u n g gedacht wurde, scheint bei der Reminiscenz, dass
der Altar zu Zion entsündigte, dass der Hohepriester am grossen
Sühntage das Allerheiligste betrat, um die Entsündigung zu be-
wirken, selbstverständlich. In der Anschauung von Glück und
Unglück als Lohn und Strafe, bei der immer auftauchenden Frage
nach einem reinen oder unreinen Gewissen lernt der Israelite
in seiner ihm bewussten Schuldlosigkeit auf Gottes Huld hoffen,
wobei er aber den Gedanken völliger Makellosigkeit oder
Unfehlbarkeit von sich fern hält. „Sünden haben alle Menschen,
und wenn Gott auf diese achtete und darnach urteilte,
מי יעמד wer könnte bestehen?" Die zwei Wallfahrtslieder,
welche vielleicht wegen ihres gleichen Schlusschors יחל ישראל אל ה׳
Ps. 130, 7 und Ps. 131, 3 zusammenhängen, geben dieser
Idee Ausdruck. Die G e m e i n d e spricht : „Aus der Tiefe

rufe ich dich, Gott, an, höre meine Stimme" V. 3 אם עונות
תשמר יה „Wolltest du auf Sünden warten, Herr, wer würde
bestehen? Verzeihung ist nur bei dir." V. 4 „So hoffe ich
denn, nämlich auf die Sündenvergebungen, hoffen wir wie
diejenigen, welche in dunkler Nacht in den verschiedenen
Nachtwachen auf den Morgen hoffen. שמרים לבקר. Der Chorus
wiederholt das letzte שומרים לבקר, worauf der Priesterchor mit
dem Hinweis, dass Gott die Bitte um Sündenverzeihung gewähren werde, antwortet: יחל ישראל אל ה'. Denn wahrlich nur bei
Gott ist die Huld und die Erlösung. Welche Erlösung?
והוא יפדה ישראל מכל עונותיו von den Sünden. — Im folgenden
Ps. 131 wird nun wohl der Vortrag der Gemeinde und der
Vortrag des Priesterchors in ähnlicher Weise zum Ausdruck
gelangt sein. Es ist die Rede davon לא נבה לבי ולא רמו עיני d. h. „Ich
bin mir nicht bewusst, durch Stolz und Hochmut und durch
zu weit gehende Wünsche mich versündigt zu haben." Ich
gehöre zu den ענוים Demütigen, die wohl zufrieden sind und
kein ungestümes Begehren — ist doch die Begierde
der Sünde Mutter — an den Tag legen. Wahrlich,
V. 2, ich gleiche, was diese Wünsche betrifft, כגמל עלי אמו, dem
entwöhnten Kinde im Mutterschosse Dem Kinde ist bei der
Mutter wohl. Das Entwöhntwerden von der Mutterbrust ist
schmerzlich; denn es ist der Beginn der Entsagung. Das
Bild ist hier vortrefflich angewandt, wo die Wunschlosigkeit,
also die Entsagung Israels, hervortritt. Die Pilger
mochten wohl angesichts der alten Heimat zu Zion sich wie
Kinder bei der Mutter fühlen, aber doch schon wie Ent-
wöhnte. Das veranlasst den Priesterchor zu dem oben
Ps. 130 7 ausgesprochenen Rufe : יחל ישראל אל ה' „Hoffe Israel
auch fürderhin auf Gott" d. h. bleibe begierdelos auch
fortan, und stütze dich auf Gott von jetzt bis in Ewigkeit! —

Den Schluss der hier in Betracht kommenden שיר – המעלות-
Lieder bildet (Psalm 132.)

Psalm 132,

in welchem wir zweifellos wieder einen Stimmenwechsel
zwischen Priester und Gemeinde in Chören vernehmen. Es
sind unverkennbare Erinnerungen an David, an seine einstigen

Wünsche, Gott einen Tempel zu bauen, an den Bau des
Tempels durch seinen Sohn Salomo, wobei wir die Worte
Salomos selbst, die bei der Einweihung ausgesprochen wurden,
zu hören bekommen. Siehe Chronik II 6, 41. V. 8—10
קומה ה' למנוחתך אתה וארון עזך „deine Priester mögen sich kleiden mit
Gerechtigkeit, und deine Frommen jubeln". Es dürfte mit
dem Psalm sich folgendermassen verhalten: Israel bittet
Gott um Wiederaufrichtung der Davidischen Herrlichkeit
unter einem Gesalbten vom Hause David und erinnert deshalb Gott an Davids Verdienste um die Gründung des göttlichen Wohnsitzes auf Erden. Der Priesterchorus versichert
die Betenden der Erfüllung des göttlichen Versprechens. Es
sei wahr V. 13, dass Gott erwählt hat Zion sich zum Wohn-
sitze und zwar nicht nur für eine Zeit, sondern V. 14
זאת מנוחתי עדי עד für die Ewigkeit. Von V. 1—6 hören wir זכור
eine Erinnerung an die in den Traditionen des israelitischen
Volkes erhaltenen Worte Davids, „der da geschworen hat,
nicht eher sich Ruhe zu gönnen, bis er einen Ort für den
Ewigen gefunden". Die Gemeinde spricht nun V. 6 nach
der Wiedergabe der Davidischen Worte הנה שמענוה באפרתה „wir
haben dies in Ephrata d. i. Bethlehem im Lande Kanaan
ebenso vernommen, wie in dem Gefilde des Waldes d. i. im
nördlichen Libanon". מצאנוה בשדי יער wollen Einige mit מצאנו שמועה
wir haben ein Gerücht gefunden, erklären. Doch lässt sich
dies ohne Veränderung mit Rücksicht auf die Wallfahrer
besser also übersetzen: Wir haben solches vernommen von
Pilgern aus Ephrata und haben es selbst gefunden, die
wir nordische Pilger sind, zu Hause im „Wald-
gebiete". Was fanden wir? Die Bestätigung, dass es einen
מקום לה׳ gebe. „Wohlan denn, lasset uns ins Heiligtum eingehen,
um uns dortselbst zu bücken". V. 7. נבואה למשכנותיו. Wieder
folgt eine historische Erinnerung an die Worte
Solomo's V. 8—10 mit dem Schlusse: „um Davids willen
weise nicht zurück das Angesicht deines Gesalbten." Hierauf
der Priesterchor V. 11 bis zum Schlusse: „Gott hat in der
That David zugeschworen, dass von seinen Nachkommen
auf seinem Throne Männer sitzen werden, und dass, so sie die
Zeugnisse, die sie Gott gelehrt, בריתי ועדתי beobachten, dann

werde Gott der Herr Allen die Nahrung segnen, die benden sättigen, die Priester im Heiligtume mit Heil bekleiden, und die Frommen werden darin frohlocken". Auch werde Gott den Wunsch der Wallfahrer, nämlich „das Wachstum der Macht Davids und das Aufleuchten des Lichtes des Gottesgesalbten" erfüllen. Dann werden „die Feinde Israels oder seines Gesalbten von Gott mit Schmach verhüllt, auf ihm aber strahlt die Davidische Königskrone". Diese h i s t o - r i s c h e n, n a t i o n a l e n und m e s s i a n i s c h e n Gedanken beweisen die gottesdienstliche Bestimmung des Psalms.

Psalm 135.

Dieser dem letzten Schir hamaaloth-Psalme folgende beginnt mit dem Zuruf an die Gesamtheit als D i e n e r G o t t e s, die da im Hause Gottes stehen 'ה בבית העמדים wie Ps. 134. 1. Er fordert auf, Gott zu loben mit einem Hallelujah. V. 3. Er spricht von der Erwählung Israels zu seinem Königtume V. 14, worauf der e i n z i g e I c h s a t z V. 5 folgt. Aber merkwürdigerweise ist das I c h sofort erklärt mit einem W i r. אלהים מכל אדנינו ה' גדול כי ידעתי אני כי „Denn i c h weiss, dass gross ist der Ewige, u n s e r Herr von allen Göttern. Das wird genügen, um darzuthun, dass wir es hier wieder mit einem l i t u r g i s c h e n Psalm zu thun haben. Denn was jetzt folgt ist wieder eine Verherrlichung der göttlichen Grösse in Natur und Geschichte V. 6—13, wobei der Chorus wieder einstimmt in das bekannte ודר לדר זכר ה' לעולם, שמך ה' Auch der Schluss, wo vorerst die Gegensätze zu diesem Gotte Israels, die heidnischen Götzen und die ihnen vertrauen in ihrer Nichtigkeit mit verhohlenem Spotte beleuchtet werden, tritt die liturgische Aufforderung auf, dass das Haus Ahrons und Levis, überhaupt die ganze g o t t e s f ü r c h t i g e Gemeinde den ewigen Gott verherrliche, worauf die Doxologie folgt : V. 21 יה הללו ירושלם שכן.

Psalm 137.

Dies Gedicht aus einer Zeit, die an das babylonische Exil erinnert, „wo Israel weinend an Babels Strömen Zions gedachte", weist unverkennbar darauf hin, dass das I c h die G e m e i n d e I s r a e l s sei. Auf die Aufforderung der Feinde Israels שירו לנו משיר ציון V. 3, sagt diese: איך נשיר „wie sollten wir singen das Lied Gottes auf fremden Boden?" Aber bald darauf verwandelt sich das W i r in I c h: V. 5. „O, wenn i c h dein vergässe Jerusalem, vergiss meine Rechte" d. h. ישכח ה' ימיני möge Gott vergessen, meine Rechte zu sein. „Es klebe meine Zunge mir am Gaumen, wenn ich den nicht gedenke, wenn ich Jerusalem nicht brächte auf das Haupt meiner Freude". Die Erinnerung an Jerusalem erbittert die Gemeinde und es folgt mit der Erinnerung an das, was die Tochter Babels, die wahrscheinlich jetzt schon zu den „Verwüsteten" zählt, השדודה, Israel gethan, ein Zurufen des Heils an denjenigen, der Babels Tochter das vergilt, was sie uns gethan. — שגמלת לנו. — Auch der בני אדום, welche sich bei der Zerstörung Jerusalems in judenfeindlichem Sinne beteiligten (vergl. Obadjah 1, Ezech 25) eingedenk zu bleiben, ersehnt die an die Zerstörung durch Babel sich erinnernde Gemeinde V. 7. — Interessant ist die Ansicht Ohlshausens, der das Gedicht mit der äusserst harten Behandlung Babylons unter den Parthern zur Zeit des Johann Hyrkan in Verbindung denkt. Er verweist auf Diodor Sic. Exce. de virtut. et vit. p. 603. „Der Dichter wird von den Gräuelthaten des Euemeros gehört haben und wünscht, dass derselbe in seinem Strafgericht fortfahre, bis die ganze Schuld gebüsst sei, die Babel einst durch die Misshandlung Israels auf sich geladen. Aus dieser Zeit begreift sich auch die Äusserung gegen das stets feindliche Edom am leichtesten; eben unter Johann Hyrkanus wurde mit Edoms Demütigung Ernst gemacht. S. Josephus Arch. 13, 9, 1." Der Plural in Vers 8: „was du uns vergolten" deutet uns auch das redende Subjekt in V. 9, an, nämlich d i e G e m e i n d e I s r a e l s. Aus dem Wortlaute im Satz 8 ist zu entnehmen, dass der Schluss V. 9, der die Verschwünschung enthält: אשרי שיאחז, auf einem p o s i t i v e n E r e i g n i s beruhe, wonach jener Euemeros (Siehe Ohlshausen S. 472) Babels Säuglinge an den Felsen zerschmettert hat. Der Psalmist aber benutzt diese Kunde und verarbeitet sie für die Gemeinde Israels.

Psalm 138.

Der Dichter dieses Poëms beginnt V. 1. 2 mit einem Danke vor Gott, wobei er sich bücken möchte אל היכל קדשך „im heiligen Tempel," um dann V. 4, 5 überzugehen auf den Universalgedanken יודוך ה' כל מלכי ארץ, „wenn sie gehört haben werden von den Worten deines Mundes, so werden sie singen, lobsingen ob der Wege des Herrn". Und unmittelbar nach diesem messianischen Ausblick bittet der Dichter für die Folgezeit, „dass ihn Gott in Not und Bedrängnis dadurch beistehe, dass Gott seine Hand ausstrecke על אף איבי" schliessend dann mit einem Singularsatze: V. 8 ה' יגמר בעדי ה' חסדך לעולם Aber als wollte er ausser von sich auch noch von Anderen reden und als ob jener messianische Gedanke ihn auch jetzt nicht verlassen könnte, fügt er hinzu מעשי ידיך אל תרף. Sowohl die n a-tionalen Beziehungen in V. 2 als auch der messianische Gedanke in V. 4, 5 und der letzterwähnte Zusatz in V. 8 lassen erraten, dass auch dieses Lied wohl als ein gottes-dienstliches bezeichnet zu werden verdient.

Psalm 139.

Es ist ein Gedicht, welches einen reflektierenden Dichter, nachdenkend über eine philosophische Frage, vorführt. Schon in der Einleitung הקרתני ותדע beschäftigt den Dichter Gottes Allwissenheit und Durchschauen menschlichen Denkens. Die Entstehung des Psalms wird ohne Zweifel ihren Grund in der Erregtheit über das Böse, das Feinde ungestraft dem Dichter zufügen haben, wie gegen Schluss des Psalms V. 19—22 ersichtlich ist. Solches presst die Frage über die göttliche Gerechtigkeit und ihr Verhält-nis zu dem Bösen in der Welt auf die Zunge. Der Sinn des ganzen Psalms wäre also der: Gott, der mich durchforscht,

kennt all mein Sinnen, bevor ich noch das Wort auf der
Zunge habe, um meine Gedanken in Worte zu kleiden.
Nicht vermag ich mich Gottes zu erwehren, da er überall ist,
und alles, was er schuf, Leib, Geist und Zeit nur von ihm
abhängen. Aber Gottes Gedanken sind mir ein Rätsel; sie
zu ergründen, ist mir eben so unmöglich, wie mich seiner
Hand zu entziehen. Vermöchte ich es, würde ich zu allererst
die Frage an ihn richten, warum er es zulässt, dass es so
viel Böses auf der Welt giebt? Mag er doch meine Feinde,
die zugleich seine Hasser sind, aus der Welt schaffen!
Mich aber möge er prüfen, ob ich den rechten Weg gehe,
wenn nicht, mich auf ihn führen. Es ist also die uralte
r e l i g i o n s p h i l o s o p h i s h e   F r a g e, welche den Dichter
beschäftigt. Die Sprache weist auch nicht mit einem Wort
auf nationale Beziehung hin. Sie hat einen chaldaïsierenden
Anstrich, wie בנתה לרעי, ארחי, רבעי, אסק, נלמי u. s. w. beweisen. Von
einem Strophenbau ist natürlich keine Rede. Schwierig sind
die Sätze V. 2 und der Uebergang von V. 17 und 19. בנתה לרעי
heisst: „Du begreifst meine Gedanken." (רעי wie רעיּ) ארחי ורבעי
V. 3 meinen Wandel (וּבִין־רִבְעִי) mein Gehen und Lagern. V. 5.
Rückwärts und vorwärts oder hinten und vorn hast du mich
eingeengt," צרתּני von צור und legtest auf mich deine Hand,"
giebt einen trefflichen Übergang zu dem folgenden פלאיה דעה
ממני: „Wunder ist das Wissen von mir" d. h. zu erhaben,
wie auch der Parallelismus besagt נשגבה לא אוכל לה. Die „Einen-
gung von hinten und vorn" wird nun in den erhabenen,
poetisch schönen Sätzen V. 13 auseinandergesetzt: „Wohin
soll ich gehen vor deinem Geiste" ?. „Himmel, Hölle, Morgen-
röte, das Ende des Meeres, die Finsternis, die Nacht, nichts
vermag mich dir zu entrücken". Hier führt der Dichter das
Bewundernswerteste, Gottes Schöpferkraft, mit einem Dankpreise
ein V. 14 אודך על כי נוראות נפלהי heisst: Ich preise dich dafür, dass ich
von allen Geschöpfen so ausserordentlich bevorzugt bin. נוראות —
im Plural (wie Elohim) — hat die hebräische Liturgie später oft
auf Gott bezogen. Du Furchtbarer! „Meine Seele weiss es wohl,
dass (V. 15, 16) mein Gebein — עצב = עיצב d. i. meine leibliche
Entstehung dir, nicht verborgen ist". „Wie ich geschaffen
wurde im Verborgenen, gleichsam wie ein Kunstgewebe

רקמתי „in den untern Räumen der Erde", entsprechend dem
גלמי כתבו ist die rohe unausgebildete Masse des Embryo).
„Aber dir ist auch meine Lebensdauer kund" — ימים ולא — mit
א nach dem כתיב zu lesen, und der Sinn ist עד = ולא אחד בהם
לא היה אחד „Noch bevor ein Tag von den mir zugewiesenen
Tagen gewesen, sind die mir bestimmten Lebenstage in dein
Buch geschrieben worden". Der schwierige V. 17 ולי מה יקרו רעיך אל
heisst: „Wie köstlich sind deine Gedanken, wie mächtig
ihre Summen" ראשיהם wie Ps. 119, 160. „Ich zähle sie, und
sie sind mehr als Sand, und, wenn ich erwache, noch bin ich
bei dir" d. h. mit deinen Gedanken beschäftigt. V. 18. Hier
gelangt die Frage über das Böse der Welt in einem Optativsatz
zum Ausdruck: אם תקטל אלוה רשע V 19: „Möchtest du doch töten
den Bösen." יסורו מני = ואנשי דמים סורו מני. Denn diese Blutmenschen
sind gegen dich widerspenstig bei schändlichem Beginnen,"
„deine Feinde, עריך = צריך, schwören falsch." Daher mein Wunsch:
„Möchten die, die ich hasse (V. 21, 22) von dannen gehen".
„Mich aber und mein Herz durchforsche, wenn ein Weg des
Unrechts an mir ist, עצב = עון, dann führe mich den Weg der
Ewigkeit", d. h. den göttlichen Weg. — Alle diese Reflexionen,
sowie die vorwiegend persönliche Zwiesprache, siehe auch
V. 13 כבאן אמי konform · mit dem folgenden עצמי, גלמי u. s. w.,
beweisen, dass das I c h im Psalm der D i c h t e r ist.

Psalm 140.

Auch dieser Psalm, obgleich er dreimal סלה enthält,
ist zu p e r s ö n l i c h. Der Dichter spricht von einem bösen
Menschen V. 2 הלצני ה' מאדם רע, von einem Manne der Gewaltthaten, worauf er in Beziehung auf beide von der Einzahl zur
Mehrzahl übergeht אשר השבו. Von ihnen sagt er, „dass sie Kriege
erregen. יגורו מלחמית und dass sie ihre Zunge zu giftiger Verleumdung gleich einer Schlange schärfen." Das סלה kündet hier den
Schluss der Gedankenreihe an. Siehe oben Psalm 54. Darauf
fleht er Gott an, ihn zu erretten von der Hand desselben Böse-
wichts und des Mannes der Gewaltthaten," welche in ihrem
Hochmut „ihm Netze legen an der Seite seines Weges und

Fallstricke bereiten, dass er falle." Er fleht, zurückgreifend
auf ein Erlebnis, Gott nun an, „dass er am Tage der
Rüstung zur Schlacht ihn schon einmal beschützt habe,"
סכותה לראשי ביום נשק, also „sollen auch die Wünsche dieses רשע
nicht erfüllt werden, und was er denkt d. h. Böses, nicht
gedeihen." Auch hier ist פלה Gedankentrennung. ירומו in V. 9
dürfte besser zum folgenden Vers gezogen werden: ראש מסיבי רומו,
„Die mich feindlich umgeben, sollten die wohl ihr Haupt erheben? Nimmermehr! „Das Leid, das ihre Zunge mir zufügt,
möge sie umhüllen." Die Verwünschung wird fortgesetzt, in
V. 11, „dass ihnen ein Los ähnlich wie das Sodoms werde" und
V. 12 „dass der Mann der Verleumdung nicht bestehe im Lande."
Es ist derselbe der oben als „Mann der Gewalt" bezeichnet
worden, „das Böse möge ihn selbst zum Untergange führen."
Der Dichter denkt wieder an sich und sagt V. 13. „Ja wohl,
ich weiss es, dass der Ewige thun wird דין עני משפט אביינם. Der
Schluss, V. 14 אך צדיקים יודו לשמך der sich bei seiner Isoliertheit
von der Anlage des Ganzen auf die fromme Gemeinde be-
zieht, durfte ein Epiphonema aus späterer Zeit sein.

Psalm 141.

Der Betende spricht in etwas prophetischer und spät-
historischer Art von seinem Gebete, „das wie Räucherwerk
vor Gott, das Aufheben seiner Hände wie ein Abendopfer Gott.
wohlgefalle" und nun folgt der Ausdruck seiner Contemplation
auf innere Seelenzustände, indem er Gott anfleht, dass
er die Pforten seines Mundes mehrfach behüte דלת = דל נצרה.
על דל שפתי: „Behüte die Thore meiner Lippen, dass ich
nicht zu bösen Worten gelange und auch nicht zu
lustvoller Beteiligung — להתעלל (Parallele in Numeri
32, 29 התעללה) — an den Thaten des Frevels mit den
Männern, die Übelthaten begehen." עין פעלי אישים אישים für אנשים
ובל אלחם במנעמיהם „dassich nicht kämpfe um ihre Vergnügungen und
dieselben geniesse" d. h. lass mich nicht verführen durch die
mir ihrerseits dargebotenen Genüsse! Viel angenehmer, meint
der Dichter, wäre für ihn, wenn er fromme Züchtigung em-
pfinge, „wenn der Fromme ihn zurechtwiese " יהלמני צדיק חסד ויוכיחני

„Das wäre Gnade wenn er mich strafte," dann verzichtete ich gern
auf alles Angenehme, dann „brauchte Gewürzöl ושמן ראש mein
Haupt nicht zu berühren oder weich zu machen " (יני von נוא = נה
erweichen. Ewald). das rätselhafte כי עוד ותפלתי ברעותיהם dürfte vielleicht nach Hinüberziehen des ו zum vorigen Worte כי עודו תפלתי
einen passenden Sinn bekommen: „Denn so lange der Fromme
da ist und ich seine Unterweisung höre, bete ich während ihrer
(der Frommen) Leiden," und Beten dünkt ihm besser als Lüsten
mit Bösen fröhnen. Er lässt daher das Gebet folgen : „O, dass
ihre Richter auf der Seite des Felsens gestossen werden,
und sie, die Frommen, hörten, wie m e i n e W o r t e ge-
nehmigt seien ;" welche Worte ? — V. 7 : כמו פלח ובקע בארץ, „Wie
einer der pflügt und die Erde spaltet ; (נפזרו עצמינו לפי שאול) lesen
die alten Versionen עצמיהם) so sollen ihre Gebeine verstreut
werden in den Schlund der Hölle !" „Denn — so betet der
Dichter weiter V. 8 - „zu dir, mein Gott, sind meine Augen
gerichtet. Hüte mich vor allen Schlingen und Fangnetzen der
Übeltäter" V. 9. „Die Bösewichter insgesamt רשעים יהד mögen
fallen in ihre eigenen Stricke " Obgleich vor יחד ein trennendes
Tonzeichen Athnach steht, empfiehlt es sich doch, das Folgende von יחד — will man nicht etwa יחיד lesen, zu isolieren.
אנכי עד אעבור „bis ich glücklich durchgezogen" V. 10. — Die philosophische Reflexion, der Mangel an nationaler Beziehung und
das immer wiederholte Zurückkommen auf I c h beweisen,
dass wir es mit einem i n d i v i d u e l l e n P s a l m e zu thun
haben.

_____

Psalm 142.
Auch in diesem Psalm ist das P e r s ö n l i c h e vor-
herrschend. Der Dichter schüttet seine Seele vor Gott aus,
etwa so wie es in Ps. 6 der Fall ist, wobei er auf ein E r -
l e b n i s Bezug nimmt. הביט ימין וראה ואין לי מכיר „Schaue nach rechts
und siehe, ich habe keinen Freund, verloren ist die Zuflucht von
mir, niemand fragt nach meiner Seele." Vielleicht ist V. 8 ein .
Hinweis, dass der Dichter „im Kerker schmachtet." — הוציאה
ממסגר נפשי — vorausgesetzt, dass dieser Satz noch zum Ganzen
gehört, weil das folgende: בי יכתרו צדיקים, etwas lose dasteht. Es
ist indes möglich, denn er spricht erstlich vom Danke für

die Errettung und fügt dann an, „wenn du mir Wohlthaten
erwiesen haben wirst, werde ich dir danken,“ und die Frommen
sollen dich mit mir vereint krönen. כי יכתירו d. h. dir die Krone
der Huldigung reichen.

Psalm 143.

Auch in diesem Psalm ist das I c h d i e P e r s o n
d e s D i c h t e r s, was zunächt aus dem zweimaligen עבדך
V. 2 u. V. 12 hervorgeht. Viele Sätze oder Satzteile kommen
schon anderswo vor, so zu V. 2 עבדך את במשפט vergl. Hiob 14, 3
und zu dem כי לא יצדק לפניך כל הי die Stelle Ps. 51, 6. Ebenso zu
הושיבני במחשכים vergl. Ps. 88, 7 und Klagelieder 3, 6 u. s. w. —
Der Dichter, der sich verfolgt sieht, gedenkt in seiner Einsamkeit
der Tage der Vorzeit, V. 5, breitet seine Hände aus zu Gott
כארץ עיפה לך סלה „wie die Erde, die nach Gott dürstet.“ V. 6
„erhöre mich, dass ich nicht gleiche עם ירדי בור“ V. 7 ein Wort,
welches oben Ps. 88, 5 vorkam. Er betet weiter, „dass ihn
Gott den rechten Weg führe“ V. 10 und wiederholt seine
Bitte nachdrücklich, dass Gott in seiner Huld ihn aus der
Not befreie und zugleich seine Feinde vernichte.“ V. 12.

Psalm 144.

Wie zahlreiche Schrifterklärer, so erblicken auch wir in
diesem Psalm z w e i Stücke, nämlich eine B i t t e und einen
D a n k. Eine Bitte von V. 1—9, einen Dank von V. 9 bis zum
Schluss. Aber beide Teile dürften zur selben Zeit, in welcher der
Dank ausgesprochen wurde, abgefasst worden sein. Allgemein
wird ein H e e r f ü h r e r, dessen Hände Gott zum Kriege
übt, המלמד ידי לקרב, als der Redende bezeichnet. Er ist umgeben
von Feinden, welche ihre Hände zum falschen Schwure erheben und mit ihrem Munde meineidig werden, אשר פיהם דבר שוא.
Er bittet nun Gott, dass er ihn errette מיד בני נכר, vielleicht
מיד בני אל נכר. Von V. 9 an singt der Dichter ein שיר חדש, „ein
neues Lied,“ wobei er Davids gedenkt, den Gott errettet
hat vom „bösen Schwerte,“ und hier taucht der oben erwähnte Wunsch wieder auf פצני והצילני, eigentümlich genug beim
Dankesergusse des Dichters Noch eigentümlicher berührt das

אשר כנינו V. 12 mit dem Schluss אשרי in V. 15, welches wohl zu dem
Wortlaut des neuen Liedes gehört. Nach dieser Auffassung
hätten wir hier einen Individualpsalm. Doch ist es für uns
kein Zweifel, dass hier ein Gedicht für den liturgischen
Gebrauch der Gesamtgemeinde vorliegt, was wir
auf folende Art beweisen wollen. Zunächst enthält der in
V. 2 sich befindliche Satzteil הרודד עמי תחתי, (der auch, wenn
von dem israelitischen Heerführer gesprochen, in der Bedeutung: „Der mein Volk unter mich zwingt" oder mir
„unterwirft", ein Nonsens wäre) einen Fehler. עמים muss es
heissen, was viele der alten Versionen wie die des chaldäischen
Targum und auch des syrischen beweisen: „Der Völker
unterjocht unter mir." Ferner ist der Satz בניו כנטעים V. 12 vielleicht sogar der Hinblick auf תבנית היכל „Modell des Tempels"
eine nationale Beziehung. Ebenso die folgenden V. 13,
14 und ganz besonders der Schluss אשרי העם, der ohne Zweifel
kein Epiphonema aus späterer Zeit ist. Zur Beleuchtung des
Psalms als eines Gemeindegebetes geben wir hier folgende
Erläuterung: Der Dichter schreibt für die Gemeinde zwei Lieder: Das Bittlied mit der liturgischen Einleitung ברוך ה' צורי, das Danklied mit dem
Beginn אלהים שיר חדש. In letzterem sagt er also selbst, er sang
erst ein altes, nun „wolle er ein neues Lied
singen." In dem ersteren handelt es sich um einen Gottes-
ausruf: „Du mein Herr, der du mich vorbe-
reitet, gelehrt zum Kriege" V. 1, ich sage dir,
dass „ich nichts vermag, wenn du mir nicht
helfen solltest," daher V. 2 חסדי ומצודתי u. s. w. „Ich
habe gesehen. dass du nur mein Schutz bist
הרודד עמי תחתי, der Völker mir unterwerfen kann."
Würde ich „auf meine Hände oder kriegs-
geübte Finger bauen" so wäre das Thorheit. „Denn — V. 3, 4 מה אדם — was ist der Mensch!"
— אדם להבל דמה — : Daher rufe ich dich an, der du nur
ein Neigen und Berühren — נע, הט — brauchst, um die Welt,
die Veste שמים und das Feste wie Berge zu vernichten. Meine
Bitte geht dahin: ברוק ברק ותפיצם, Schleudere du, o
Gott, deine Pfeile und vernichte die Feinde

ותהתם. V. 6 —. שלח ידיך ממרום V. 7, um mich zu erretten
von den furchtbaren Fluten aus der Hand
der בני נכר, die sich als treulos, falsch und trügerisch erwiesen, deren Mund Falschheit redet
und deren Rechte sich erhebt bei lügen-
haftem Schwur!" Also lautet das alte Gebet. Nachdem
der Sieg errungen worden, lässt der Dichter die Gemeinde
ein שיר חדש singen, ein neues Lied, begleitet mit — נבל עשור
— Saitenspiel. Wie lautet dieses Lied? — V. 10: „Der
den Königen Sieg gegeben und einst König
David errettet hat aus unglücklichen
Kriegen V. 10 מצני מצני והצילני (zu lesen מצני והצילני) der hat
auch mich errettet aus der Hand derer, von
denen oben die Rede." Und im Hinblick auf solchen
Sieg ruft er der Gemeinde, diese glücklich preisend, ein
„Heil" — אשרי — zu. Nur auf diese Weise ist das Schwierige,
allen Erklärern rätselhafte אשר בנינו, das sonst in gar keinem
Zusammenhang zum Psalm stände, zu erläutern: אשרינו
„Heil uns," sagt die Gemeinde, nach solchem Siege:
„בנינו, Unsere Söhne sind wie wohlgediehene
Pflanzungen," gross gezogen in ihrer
Jugend. „Unsere Töchter gleichen ge-
schnitzten Ecksäulen am Modell des Tempels oder haben die Gestalt תבנית היכל von
Palastsäulen." Unsere Speicher strömen
über von Nahrungsmitteln. Unser Klein-
vieh und unsere Rinder sind trächtig," wir
haben jetzt keinen Mangel. Wir fürchten
auch keine Störung unserer Ruhe oder Vernichtung unserer Sicherheit. אין פרץ ואין יוצאת,
„Keiner bricht ein, keiner wird hinausge-
trieben, und es ist kein Geschrei in unseren
Strassen." Heil uns daher, dem Volke, dem
solches Loos geworden, dem Volke, dessen
Gott Adonai ist. אשרי העם שה' אלהיו. Das zweimalige
אשרי in V. 15 passt trefflich zu dem gedachten אשרינו in V. 12.

Psalm 145.

n Alphabetpsalm, in welchem ein Vers mit
erkwürdig hat die Septuaginta wahrscheinlich
ır auch für ; einen Satz, der aber mit V. 17
st. ‏נאמן ה׳ בכל דרביו וחסיד בכל מעשיו‎. In diesem Psalm,
tische Anlage, dessen Einleitung ‏אלוהי המלך‎ und
ıluss ‏ויברך כל בשר‎, man kann füglich sagen, auch
‏מלכותך מלכות עולמי‎ schon die l i t u r g i s c h e A b-
ın, spricht der Dichter von dem steten Lobe,
genwärtigen und kommenden Geschlechter —
tes Wunderwerke verherrlichen werden. Sie
thun, weil sich Gott als gnädig erwies, nicht
ındern „der Gesamtheit seiner Geschöpfe,"
t Gott stützt, wenn sie fallen, aufrichtet, wenn
ıd, sättigt, wenn sie hungern. Es ist in diesem
ergang vom Singular zum Plural ersichtlich :
ıg lobe i c h dich, aber eine Generation kündet
deine Stärke. Dazwischen : l c h ‏ודברי נפלאתיך אשיחה‎,
und daneben wieder ‏ונדלותיך אספרנה‎ „deine Grösse
len ; ebenso zum Schluss erst ‏ידבר פי‎ und dann

Psalm 146.

diesem Psalm sehen wir klar die Absicht des
d i e G e m e i n d e zu schreiben. Er sagt :
ın den Herrn und besingen meinen Gott, so
: V. 2. „Auf Menschen sollt ihr Euch nicht
wenn sie zu den edelsten gehörten," ‏בנדיבים‎,
ne Seele aus und kehrt er zu seinem Erdboden
den alle seine Pläne" V. 4. Es ruft daher voll
r den mächtigen Geber alles Guten die fromme
‏אשרי שאל יעקב בעזרו‎ V. 5 und beschreibt diesen „G o t t
; S c h ö p f e r, als Gott der G e r e c h t i g-
t der L i e b e und als einen Gott, den einstens
i s c h e r Zeit A l l e s verherrlichen werde.
,Es wird ‏יהוה‎ regieren ewiglich, dein Gott,
eschlecht zu Geschlecht! Hallelujah!" V. 10.